THE HOOSE O HAIVERS

THE HOOSE O HAIVERS

Matthew Fitt, Susan Rennie
and James Robertson

First published 2002
by Itchy Coo
A Black & White Publishing and Dub Busters Partnership

ISBN 1 902927 44 3

A CIP catalogue record for this book is available from
The British Library

Scottish
Arts Council
LOTTERY FUNDED

Printed and bound by Bookmarque Ltd, Croydon, Surrey

CONTENTS

NOTE ON THE TEXT

Ye'll find that in this book, the spellins o some words vary frae yin story tae anither. This is because the spellin o Scots hasna settled doon yet, an we dinna think it's practical tae impose a single standard on awbody that some fowk micht feel disna reflect *their* kind o Scots. For example, 'King Mehdas' is written in Dundee Scots, 'Orpheus an Eurydice' is in Aiberdeen Scots, an 'The Twelve Trauchles o Heracles' is in Glesca Scots. Within each o the stories here, hooiver, the spellin *is* consistent, sae ye can yaise ony yin o them as a model for yer ain writin.

Mair information on spellin matters, plus Scots-tae-English glossaries for each story, can be fund on the Itchy Coo web site at www.itchy-coo.com

THE HOOSE O HAIVERS

Welcome. Na, dinna be feart. I'll no bite. I *canna* bite. No wi real teeth onywey. Dae ye no ken whaur ye are? Weel, in ye come, settle doon, an I'll tell ye.

Ye're mibbe wunnerin whaur this voice is comin frae? Ye're lookin aroon, a wee bit anxious like. Mibbe it's comin frae abuin ye, mibbe it's comin frae ablow. Mibbe it's comin frae ootside ye, mibbe it's in yer ain heid. That's the thing aboot words. Ye niver ken jist whaur they're comin frae.

But ye still want tae ken whaur ye are, dae ye? Weel, I'll tell ye.

There's a place atween the earth an the sky an the sea, jist whaur aw thae three kingdoms come thegither, that's at the centre o awthing. It cud be a dern, daurk place at the bottom o a glen, it cud be doon in the belly o the ocean or it cud be up amang the stars. But it's no. It's a heich place at the tap o a muckle moontain. Frae this place there isna a corner o the warld that canna be seen, nor a soond made in the haill universe that canna be heard. That's whaur ye are. Here. In the Hoose o Haivers.

It's the hame o a body cried Rumour. She has ither names an aw: Scoom, Scandal, Crack, Clatter, Claik, Claivers, Clish-clash, Clype. But we'll cry her Rumour for noo. She chose tae bide here lang lang syne because o the view, an because o the quiet. She disna miss onything frae here. Nicht an day her een an her lugs are open, an the hoose itsel is open tae aw the sichts an soonds o the warld.

Rumour's made thoosans o windaes an entries in the waws – wee slaps an closes an vennels, storm windaes an shot-holes an wickets – but nane o the windaes has ony gless, an there isna a door in the haill place, even whaur ye'd expect yin, no a front door or a back door, no even a cat-flap.

The haill hoose is biggit o bress, echoin bress, sae it's aye fou o noises. Whan it hears a soond, the hoose gies it back, multiplies it, syne sends it aff in a hunner ither airts. It's niver *totally* quiet here, an yet there's no muckle o a din, is there? *You* can hear *me* awricht, I ken ye can. Hoo's that? There's only a curmurin, murmurin soond, a constant whisper, like the swaws o the sea whan ye hear it in the distance, like the last dunnerin rummles o thunner whan the cloods hae feenished clashin thegither in a storm. That's the soond that Rumour maks. Sometimes ye're no even shair if ye heard it at aw.

But Rumour's no alane here. The hoose is aye thrang, a clanjamfrie o folk comin an gaun, wi a thoosan bits o news, here the-day, awa the-morra, some o them true, some o them fause, maist o them a richt mixter-maxter o words – sherp words, saft words, sleekit words. Some o them faw on the lugs o guid-for-naething wasters, ithers are cairried aff by the wund that spreids stories an tales faur an wide. An whaniver a tale is heard by somebody *they* tell it ower, an tae mak it their ain the teller has tae add something tae it. That's the thing aboot Rumour. She aye has tae pit legs an airms on a story.

Ye'll hear aw kind o things in here. I widna like tae say if hauf o it's true or if it's aw lees. That's no ma business. Whaur dis the truth stap, an a lee begin? Whit's the difference atween a fact an a fable? I dinna ken, an I dinna care.

It's for *you* tae listen, an *you* tae decide. Whan ye hear a story, is it aw a lot o haivers? Mibbe it is, mibbe it isna. Ye'll need tae work that oot for yersel.

I can see ye're still lookin aroon, tryin tae work oot whaur this voice is comin frae. Whaur is it comin frae? Ancient times? Faur awa? Or dis it come frae jist roon the corner? Dis it soond jist a wee bit familiar?

Dae ye no ken whase voice it is yet? Dae ye no? Weel, then. *Listen!*

PHAETHON'S HURL
IN THE SKY

Phaethon wis aw mooth an nae breeks, a bletherskite wi a big conceit o himsel. He wis like this because his faither wis Phoebus, the sun god, an Phaethon let awbody ken it. Aw day lang, whan his faither wis up in the sky sheenin doon on the warld, Phaethon wid be braggin aboot it: "That's ma da in his cheriot up there. See, athoot him, ye'd aw be in a richt state. Nane o youse wid be able tae see yer haun in front o yer face. See you, fermer, yer gress widna growe an yer coos wid hae naething tae eat. See you, missus, ye'd be frozen tae daith in that jimp wee dress ye're weirin. See you, schuilmaister, ye widna be able tae read or write an yer schuil widna hae ony students in it. Ay, that's ma da up there an dinna youse forget it."

Efter a while, folk were that fed up wi this that they began tae say tae him: "Is Phoebus really yer faither? Are ye shair? It's jist that ye're aye bangin on aboot it, but we canna help noticin that *you're* aye doon here an *he's* aye up there. If he's yer faither, hoo dis he no iver speak tae ye? Hoo dis he no iver gie ye a ride in his cheriot?"

Phaethon wis gey pit oot at this. "O coorse he's ma faither," he said. "He'll gie me onything I want. I only hae tae ask. I cud get a ride in his cheriot nae bather. In fact, I cud tak it oot on ma ain if I wantit."

"Ay, weel, then," they said. "On ye go."

Faced wi this challenge, Phaethon cudna verra weel back doon. No that he wantit tae. He'd ayewis fancied a hurl in

3

Phoebus's cheriot, an he didna see hoo he shouldna get yin. Sae he set aff for his faither's hoose, which lay awa tae the east, ayont Turkey, ayont Persia, even ayont India. But sic a lang journey is nae great trauchle whan ye're the son o a god, even if ye arena a god yersel, sae it wisna lang afore Phaethon fund himsel climbin up the stey brae that led tae the yetts o his faither's palace.

It wis some place. It had muckle columns o glentin gowd, an waws o bronze that bleezed like fire. The roof wis happit wi ivory. The yetts were made o siller. Yin yett wis engravit wi images o the Earth an aw that wis in it – cities an rivers, an wuids fou o wild beasts an nymphs – an the tither shawed the oceans an aw that wis in *them* – whales an fushes, an Nereus the auld man o the sea, ridin on the back o a triton (thon hauf-fush haufman craitur), an his wife Doris an their fufty bonnie dochters the Nereids, swimmin, or sittin on the rocks dryin their sea-green hair. An ower aw this wis pictured the Heivens wi the twal signs o the zodiac, six o them on the richt haun yett, an six on the left.

Each mornin Phoebus wid ride his fiery cheriot, drawn by fower swift horses, up intae the sky, mak a lang arc across the Heivens an come doon ayont the western sea in the late efternuin. Syne he wid get intae a boat made oot o a muckle wuiden luggie an it wid wheech him back ablow the ocean tae his palace whaur he'd spend the nicht. Early the nixt mornin, he'd be up an awa again. It wis sair work, but there wis a lot o prestige attached tae it (which wis hoo Phaethon wis aye bummin on aboot it), an forby that Phoebus wis the only yin that cud dae it.

Whan Phaethon gaed in tae see him, he stood a wee bit back because he cudna thole the brichtness o the beams o licht aroon his faither's heid. Phoebus, weirin a purpie robe, wis sittin on a throne that skinkelt wi green emerauds, an at his left haun stood Day, Month, Year, the Generations an aw the Oors. On the tither side were the fower Seasons: Spring, wi a croon o bonnie flooers on his heid; Simmer, weirin nixt tae nae claes at aw but wi a wreath o corn aboot his lugs; Autumn, wi reid-stained feet frae

4

treadin oot the grapes; an crabbit auld Winter, wi his lang baird an lyart locks.

Even Phaethon wis lost for words at the sicht o aw this, till Phoebus turned tae him an said: "Whit are you daein here, Phaethon, ma son?" Hearin himsel cried this, Phaethon regained some o his gallusness, an, bieldin his een frae the glare, spak up bauldly: "Since I *am* yer son, wid ye grant me a wish, faither?"

Phoebus took the bricht leamin rays aff his heid an beckoned Phaethon in tae him. "O coorse ye're ma son, son. An tae prove it, I'll grant ye ony wish ye want. Dinna be blate noo – speir awa, an whitiver ye want ye shall hae, an may aw the Seasons an the divisions o Time be ma witnesses tae that promise."

Phaethon took a deep braith. "Weel, then, can I get a len o yer cheriot o fire, an tak it for a spin the morn's morn?"

This wis the last thing Phoebus wis expectin. He wis mad at himsel at the thocht o whit he had promised. "Son," he said, "I wis mibbe a wee bit hasty there. That's the wan thing I should hae said ye canna hae. Speir at me for onything else – onything at aw – an it's yours. But dinna tak the cheriot, son. Ye're a mere mortal, ye're jist a laddie, an ye're no strang eneuch. I'm the only yin that can staun in that burnin cheriot. The heat's something awfie. Even the ither gods dinna want tae try it. Jupiter can fling thunner an fireflauchts aboot like he wis skiffin stanes, but even he has nae wish tae drive ma caur."

Seein his faither wimble-wamblin like this only made Phaethon mair determined tae get a hurl in the sky. "Jupiter can be feart if he wants," he said, "but I want a shot in yer burnie bogie."

Syne Phoebus said, "Dinna be rash, son. The first pairt o the journey's awfie stey, an it's sair work for the horses, even efter a nicht's rest. But that's naething tae whit like it is when ye get up tae the heichest pairt, an look doon on the earth an sea – I tell ye, I've been daein it for years an it still pits me in a swither, an sets ma hert flaffin like a caged bird. But then see when ye stert the descent, that's even worse! It's like thon birdie's aboot tae lowp oot yer mooth. Ye hae tae keep a ticht rein on the horses, an ye can see the ocean cooryin doon tryin tae mak itsel look like a wee dub, cause it thinks ye're gaun tae crash intae it. The speed ye traivel at comin doon, ye're like a gannet divin for fush."

But Phaethon thocht that soondit like a rerr terr. "I still want tae dae it," he said.

"Oh, son," Phoebus said, "dinna think it's aw douceness an licht up there. Mind the sky is spinnin awa at a michty speed, an the route ye've got tae tak is in the opposite airt. It's hard work fechtin agin that force, no lettin it birl ye awa intae space, but I ken hoo tae haud ma coorse. But whit'll *you* dae aboot it? Ye hivna got a clue. An dinna think ye can draw in at some celestial lay-by or a heivenly wee inn for a rest – naw, ye hae tae keep movin, an even if ye stick tae the richt path there's aw kinds o bad craiturs lurkin up there jist waitin tae lowp ye. Ye'll need tae get by the horns o Taurus the bull, jouk the arras o Sagittarius the aircher, jink by the jaws o Leo the lion, steer clear o the nippin clauts o Cancer the partan, an body-swerve the stingin tail o the Scorpion."

"I'm no feart o a few beasties, an I'll be gaun ower fest for the aircher's arras," Phaethon said. "Gie me the cheriot."

Phoebus tried yin last time. "The horses, son," he said. "Ye'll no can manage tae guide the horses. Oh, they're gey fierce whan they get fired up! They hae furnaces burnin awa in their bellies an whan they get intae their stride the flames shoot oot their mooths an nebs an ye'd think they were draigons. They only thole me at the reins because they ken me. Phaethon, dinna dae it! There's time yet tae choose anither gift that winna ruin ye! If ye had ony doot that I *am* yer faither, shairly the fact that I'm this feart for ye, that I dinna want ye tae come tae herm, is proof. I beg ye, son, let me gie ye something else."

"I DINNA WANT ONYTHING ELSE," Phaethon said. "I JIST WANT A HURL IN THE SKY."

Sae Phoebus saw that he'd hae tae keep his promise, an led the lad oot tae the cheriot. It wis made o gowd an siller an wis covered in jewels that reflectit the brichtness o the sun whan he rode in it. It wis that braw-lookin, Phaethon cudna wait tae get in. Syne Dawn flung open her doors awa tae the east, turnin the waw-heids o the warld crimson, an the horns o the muin began tae fade awa. Phoebus kent it wis time, an he ordered the Oors tae bring oot the horses frae their stables, an yoke them tae the cheriot.

While this wis happenin, the sun god smoored his son's face wi a thick ile, tae help him thole the heat o the flames, an placed on his heid his ain circle o leamin rays. His last words were these: "Haud the reins wi aw yer strength, an dinna yaise the whup. The horses'll set their ain pace an dinna need ony encouragin. An dinna try tae drive straucht across the haill o the Heivens – the true path gangs in a braid curve, an steys weel awa frae baith the Sooth an North Poles. Ye'll see the merks o the wheels clear eneuch. Dinna gang ower laich or ye'll scorch the Earth, an dinna gang ower heich or ye'll set the dome o Heiven in a bleeze. Stick tae the middle road: thon's the wey ye'll come tae least herm. Better still, ye can chynge yer mind even noo. Say the word, an I'll tak the cheriot an gie this day its licht jist as I dae aw the ithers, an ye can save yersel for the morn's morn."

But naething wis gaun tae stop Phaethon noo. He lowped intae the cheriot, shouted his thanks tae his dooncast faither, an afore Phoebus cud say a last fareweel the horses were crashin throu the yetts o the new day, an breengin up throu the cloods intae the sky.

Richt frae the ootset the haill ploy gaed squeegee. The sun's horses felt something wis different – the load they were pouin wis ower licht. Jist as a ship that's no cairryin a fou cargo isna sae siccar in the jowe o the sea, sae the cheriot wis thrown aboot ahint the horses, as if it had naebody in it.

Whaniver the horses sensed this, they raced aff the weel-merkit road, awa tae the north. Phaethon wis in a richt state, for he didna hae the skeel tae bring them back unner control. In jist a few saiconts, the frozent stars o the Northern Ploo began tae growe het, an tried tae dook themsels in the sea tae cool doon. The Serpent up by the Pole, wha'd aye been hauf-asleep wi the cauld, nae danger tae onybody, suddenly fund himsel swelterin in the heat gien aff by the cheriot, an heezed up in a hellish temper. Phaethon wis terrified, an turned his face awa hopin the sliddery beastie wid lea him alane, an that wis whan he got a glisk o the Earth – which awready wis hunners o miles aneath him, even tho he'd only been gaun a minute or twa.

He turned gash as a ghaist, his knees stertit chappin thegither like a perr o castanets, an he wished he'd niver been sae stupit as tae mak his faither stick tae his promise. But that widna help him noo. Whit wis he gaun tae dae? He'd awready come a fair wey, but there wis faur, faur mair o the sky in front o him than there wis ahint. He thocht aboot gaun back, but hoo wid he turn the horses? – he didna even ken their names. Phaethon wis in a richt swither. He kent his toga wis hingin on an awfie shooglie nail. He pit his hauns up tae his een for a guid greet, an that wisna wice, cause it meant he had tae drap the reins.

The breengin cheriot skeltered totally oot o control. An noo Phaethon saw the muckle monstrous craiturs that were engravit on the yetts o his faither's palace, splairgit across the Heivens, but these yins were real, an they were ten times mair horrible than they were in the pictures. There wis Leo sherpenin his teeth on some auld banes that looked like they micht be human; there wis the Partan raxin oot its clauts, the Scorpion curlin its stingin forkie-tail ower its back, an the Bull snocherin an pawtin the grund in a richt bad temper; an as if they werena bad eneuch, suddenly the air wis fou o wheechin arras fired by Sagittarius. Phaethon shut his een an dooked doon. The horses galloped on, batterin intae stars, takkin the caur whaur there wis nae road at aw, yin minute up by the muin, the nixt ramstammin towards the Earth at tap speed, sae that the heat frae its wheels scorched the cloods an sent reek poorin up frae them.

As the cheriot drew nearer tae the Earth, the taps o the bens caught fire, meltin the snaw an settin aff great floods. Syne aw the water biled awa an the grund began tae hair an crack an rive apairt. The green gressy haughs turned tae pooder an ash. Trees an bushes, fields o aits an barley aw burst intae flames an burnt themsels up. Muckle cities were connached, their waws fawin tae the grund, an haill nations were dichtit clean oot o existence. The forests o the warld were bleezin, the bens were crummlin in the heat – even caller Helicon, whaur the Muses bade, wis on fire. Sae wis Parnassus, an sae were the yince snaw-happit Alps, the Cairngorms, the Apennines – even the michty moontain Olympus wis in flames.

Phaethon meanwhile cud haurdly thole the heat himsel, the ile that his faither had pit on his face haein meltit awa langsyne. Ivery time he breathed in it wis like sookin the air oot o an oven. By noo he cudna even see whaur he wis gaun, there wis that much clarty smoke in the air. Things werena lookin guid at aw.

It wis at this time, sae it's tellt, that the Sahara, which up till then had been a bonnie green gairden, dried up an turned intae a desert. The river Nile wis that feart that it breenged awa intae the middle o Africa an hid its heid in the grund – an tae this day fowk still dinna ken exactly whaur its heid is. The Rhine, the Rhone, the Tiber an the Tay aw shrank doon tae wee dribbles an didna get weel again for years. Dolphins an fleein fush stopped lowpin abuin the waves because o the heat, an the sea wis thick wi the bodies o biled herrin. Nereus, Doris an their fufty dochters had tae tak up residence in the deepest caves in the ocean tae cool doon, but even there they fund it wis like bein in a warm bath. An wi aw the muckle cracks openin up in the earth, licht flooded intae the Netherwarld an gied aw the deid a terrible fleg.

At last the Earth itsel cud tak nae mair, an cried oot tae the gods: "I dinna ken whit I've done tae deserve this, but I'm burnin up doon here – I'll be deid afore nicht if ye dinna dae something. Even if this is some mad scheme o yours, even if ye're punishin me – tho I dinna ken whit for – ye'd better pit a stop tae it. The North an Sooth Poles are beginnin tae smoolder, an if they cowp, sae will the Heivens an that means aw youse gods will come crashin doon aff yer pedestals. Look at puir Atlas, pechin tae haud the sky up on his shooders. He can haurdly breathe wi aw the reek. If ye dinna want tae see the haill universe blawn tae bits, get that daft eejit Phaethon aff the road noo!"

Jupiter heard this an saw that the Earth wisna jokin. He had a quick confab wi the ither gods, syne heezed himsel up tae the heichest pynt in the Heivens. He had a clear view o Phaethon birlin throu the air, for there wis nae cloods an nae rain left tae get in the wey. Jupiter raxed up ahint his lug for the biggest fireflaucht he had, an flung it at the cheriot.

BOOM! There wis a muckle bang an a baw o flame lit up the universe whaur Phaethon yaised tae be.

The horses suddenly fund they had naething tae pull. The cheriot had been totally dismolished. This gart them come tae their senses, an they turned aboot an galloped back tae their stables. Miles ablow them, if they had looked, they wid hae seen Phaethon fawin doon, doon, doon throu the sky like a shootin star, flames poorin frae his lang hair. Jupiter had taen him oot the game wi his ain fiery haun.

It's said that Phaethon's puir scaudit body fell intae yin o the great rivers o Italy, which still had jist eneuch water left in it tae receive him wi a lang hissin, papplin sigh. It took a day tae bigg anither cheriot for Phoebus, sae if the tale is true a haill day passed whan there wis nae sunlicht on Earth at aw. But at least the still burnin forests gied a wee bit licht for the nymphs o Italy tae gaither Phaethon's corp oot the river an bury him. An they pit up a stane, on which they scrievit the follaein words:

Here Phaethon ligs, a daft young lad
That drave the cheriot o his dad.
There wis nae joy in his joy-ride:
He cowped the cairt, an syne wis fried.

THE WEAVIN CONTEST

Tae the east o the Aegean Sea lies the country o the Lydians, whaur King Croesus aince ruled wi his muckle gowd that some say he howked oot the river whaur Midas had washed. In this country steyed a lass whase skill in weavin wis unmatched by ony ither mortal. Arachne had been taucht tae weave by the goddess Athena hersel. The fineness o her claith wis faur-kent an fowk traivelled fae aw ower Greece an the lands o the Aegean tae see an buy her work. Arachne ayewis yaised plain threids that she span fae the fleeces o her ain sheep, an dyed them wi simple dyes fae the flooers an plants in her gairden. But somehoo her claiths sperkled wi aw the colours o simmer, an the picters she wove were as fine as ony fae a maister penter's brush.

News o Arachne's fame suin reached Athena on heich Moont Olympus, an the goddess decided tae pey her auld pupil a veesit. Disguisin hersel as an auld wumman in a coorse woollen cloak, she glided doon towards Arachne's hoose on a clood. Arachne invitit the auld wumman in tae see her latest claith.

"No bad," the goddess croaked. "A bittie dreich for ma likin, but it shaws talent."

"Shaws talent!" spat Arachne. "Ma weavin is better than the goddess Athena hersel cud dae."

On hearin that, Athena flang aff her disguise an stood afore the bumbazed Arachne in a bleck-affrontit rage. But Arachne wisna fashed, an repeatit her challenge.

"I can weave a claith bonnier than ony yer goddess's fingers can mak," she said, heezin her chin in the air like ane o

11

Phoebus's prood horses afore it sets oot tae pou the sun each mornin.

"Verra weel," said Athena (wha wis the godddess o war, forby weavin, an wis ayewis up for a fecht), "let's see *which* o us can weave the finer claith afore Phoebus rises again the morn." An wi that, she birled awa back tae Moont Olympus on her clood.

"Imagine, a fushionless mortal challengin a goddess!" lauched Athena. "I'll suin ding her doon," an she clapped her haunds tae summon her attendants. Instantly, a hunner wood-nymphs an sea-nymphs appeared at the goddess's side.

"Find me," she commandit the wood-nymphs, "the sonsiest sheep that feed on the slopes o Moont Olympus, an fae their fleeces mak me the maist douce an delicate threid that ye can spin." Then tae the sea-nymphs, she ordered, "Sweem tae aw the airts an bring me back ainly the rarest an purest dyes tae colour ma threids." The nymphs did as their maistress ordered. They brocht her phials o Tyrian purple fae the coast o Phoenicia; crimson madder roots fae Phrygia; an fae Crete, airmfus o crocuses whase saffron they wid champ tae mak a daizzlin yella. But still Athena wisna content. She wantit something byordinar tae mak her claith unlike onything a mere mortal cud weave. Sae she speired her relations for help. First, she turned tae Aphrodite, the goddess o luve an bonnieness.

"Dear sister Aphrodite," she said, "help me pit the pridefu Arachne in her place. Gie me the saftest feathers fae yer snaw-white swans tae weave amang ma threids."

She daured tae speir at the queen o the gods hersel.

"Michty Hera," Athena began, bowin afore the queen, "the honour o the gods is at stake. Pluck for me the brichtest tail-feathers fae the paycocks that drive yer cheriot, sae their colours can ootshine Arachne's dowie wool."

Finally, Athena veesited the workshop o her brither Hephaestus, the god o fire.

"Dearest brither," said Athena, "dinna let a mortal shame yer sister. Ding yer haimmer on yer finest sheets o gowd an siller, an pou them intae threids for me tae embroider on ma claith."

Suin, Athena had gaithered thegither the finest materials that gods or mortals baith had iver seen. Afore sittin doon at her loom, she pit on her bronze helmet an her breistplate that wis decoratit wi the frichtsome gorgon's heid. "Nae mortal lass," she said smilin tae hersel, "can fleg the goddess o war."

Meanwhile, Arachne got oot her bag o threids an stertit tae choose her colours. The threids in her wool basket luiked gey coorse an dreich; but whan she stertit tae weave, aw the colours o the rainbow daunced aff her loom. As she wove, she minded stories aboot ither gallus wabsters: Penelope that wove a claith mony lang year waitin on her husband Odysseus returnin hame; an Philomela whase tongue wis cut oot tae stap her fae clypin on her brither-in-law, but wha tellt her story by weavin it in claith. As she sat in this dwam, the picters in her mind were woven oot afore her. Awthing that Arachne saw or smelt, or thocht or felt that mornin wis woven intae her claith. A swalla that wheeched past her windae appeared in a corner, woven in glentin threids o daurkest blue. The hyacinths fae her gairden, whase sweet smell kittled her nostrils as she wove, an the olives she saw ripenin ootside her windae, growed oot the edges o her weavin.

Faur abuin, Athena wis jist feenisht an luikin gey pleased wi hersel. She had woven a clanjamfrie o gods an goddesses sittin at Zeus's feet, aw claithed in goons o purple an saffron, wi gowden croons an siller sandals, their cheriots, shields an javelins smoored wi jewels. She snipped aff her new claith, draped it roond her shooders, an glided back doon tae Arachne's hoose.

"No feenisht yet? Whit a peety," said Athena, struntin aboot like ane o Aphrodite's paycocks, shawin aff her fantoosh shawl. "I'll jist leave this wi ye," she added, lettin her claith drap tae the groond ahint Arachne. "An apprentice needs something tae learn fae." But afore the goddess cud summon her clood again, Arachne lowped up fae her wuiden stool cryin "Feenisht!", an tied aff her last threid.

Athena gawked, an blenked hard a wheen times. For as she luiked, the picters on Arachne's claith seemed tae kittle intae life. She thocht she saw the picter o Penelope smile as she wove, an wis shair she heard the clackin o Philomela's loom. As she luiked at the edges o the claith, her neb wis filled wi the scent o hyacinths, an the taste o olives swam in her mooth; as her een fell on the woven swalla, she heard its chitterin sang. The goddess clapped her haunds tae her lugs, but she cudna stap Arachne's claith fae dirlin throu her senses. Arachne's weavin thrummed wi the virr o life; while Athena's, for aw its bricht threids an fantoosh feathers, luiked cheap an gaudy nixt tae it.

The goddess's face turned pink, then reid, then purple like her ain dyes. She glowered at Arachne an thunnered, "Weel, I can see ye didna dae *that* yersel. Nae doot ye tricked ane o the Muses intae giein ye a haund – they're ayewis ettlin tae help mortals – which o coorse means yer 'work' disna coont.

"Nae maitter," she added, her een brichtenin wi an idea. "As ye are that daft aboot weavin, ye can weave yer ain hoose fae noo on!"

The goddess nairraed her sea-green een on Arachne, an the lassie felt her body stert tae shrink. Forby, her legs were raxin oot intae lang spinnles an, as she gawked helplessly, mair legs stertit tae growe. She skreiched, an ettled tae haud ontae her loom, but Athena's pooer wis ower strang. Suin Arachne wis jist a scootie bleck speeder, skitterin roond Athena's sandals. The goddess bent doon an blawed, an Arachne skited backarts intae a stoorie corner o the room.

"Ye can weave yer glaikit wabs aw day lang there," the goddesss spat. "But naebody will want tae weir yer weavin noo. They'll dicht yer wabs awa wi their cloots wioot a saicont keek."

She tore Arachne's claith aff her loom an rived it intae taivers, then wheeched awa, trailin her ain bit weavin ahint her.

Sae Arachne an her bairns, an their bairns an bairns' bairns, hae woven their wabs iver since. As Athena intendit, mony o them are dichtit awa, an ithers are brak by the thochtless wunds an dingin rain. But noo an then, ane o Arachne's faimly weaves a perfect wab, hingit wi beads o dew or frost an sperklin in the mornin sun, that minds Athena o Arachne's bonnie claith an brings a froon o scunneration tae the goddess's pearl-white broo.

KING MEHDAS

There wis aince a king crehd King Mehdas an this King Mehdas wis an affy greedy mannie. He couldna gae past a jeweller's windae withoot ehin up the sperkliest dehmond ring in it, or waalk past a peh shop withoot his belly greetin an rummlin for a bite at the biggest peh there.

An he wis gleckit, tae, this king. His haid, folk said, wis sappy like the inside o an aald ingan an when he trehd tae dae the richt thing, he wid end up daein the wrang thing. When he trehd tae mak things richt again, he wid git them even mair wrang, guddlin up aathin worse than it wis at the stert.

Aabody an their mither kent he wis a greedy gleckit king wi a sappy haid on his shooders. But for aa that folk said aboot him King Mehdas wisna a bad aald stick.

Aince on a caald nicht in the hert o winter, there wis an affy chappin at the palace door. The king come doon in his baffies an opened the door til Silenus.

"Yir Majesty," said Silenus. "Eh'm stervin. An it's pure brassers oot here. Please gonnae help us."

Noo Silenus wis a hackit-lookin craitur that had the hurdies o a goat an the haid o a man. No mony kings wid be happy lettin Silenus intae their braa palaces. His clatty hoofs could easy guddle their guid kerpits. His hackit craitur's face could soon fleg awa aa their servants. But Mehdas wisna bathered wi the wey Silenus looked. The king gied him a muckle plet o mealie puhdin an tatties an pit saft sheets on his bed wi a hoat watter bag in it tae kaip the craitur's belly waarum.

Mehdas didna ken it but this Silenus wis affy pally wi the god

16

Dionysus. When Dionysus heard aboot the kind wey Mehdas had treatit his freen, the god wis gey pleased wi him.

"Mehdas," the god said. "Ye've been affy guid tae meh pal. Tae thank ye, eh'm gaun tae gie ye a wish. Ye can hae onythin ye like – a hoose, a new cuddie, a haill ermy. Come on, whutever ye waant, eh'll gie ye it."

The King's ehs were suddenly hotchin wi greed. "Ye mean eh can wish for onythin at aa?"

"Eh," said the god.

"Weel," said Mehdas. "Eh wid like everythin eh dicht tae turn intae gowd."

"Ye waant aathin ye touch tae turn tae gowd?" speired the god Dionysus. "Aw, here. Eh dinna think you ken whut you're taalkin aboot, king. There's aboot a mullion things that could gae wrang wi that ehdea. Are ye shair aboot this?"

"Oh eh," replied Mehdas. "Eh'm shair."

"Weel, if thon is whut ye waant, Mehdas, thon is whut eh'll hae tae gie ye." An Dionysus snapped his fingirs an flew awa back up til his hame in the skeh.

The king lowped up an doon wi excitement. He couldna believe his luck.

"Whutever eh dicht will turn tae gowd. Aw, eh'm gaun tae be rich. Eh'm gaun tae be mintit."

The king glowered roon an roon his palace.

"Hey, eh better treh this oot jist tae check an see if Dionysus isna dobbyin me. Whut can eh turn tae gowd first?"

An he pit oot his han tae clap a table an, bang, it cheenged immediately intae a table o bonnie sheenin glisterin gowd.

"This is braa," said the King an hurled aboot the palace, dichtin aathin he could find.

He run his han roon aa the palace waas an instantly aa the palace waas were turned tae gowd.

He bent doon an touched the groond an suddenly the palace had gowden flairs.

He skelped the palace ingle an, whoosh, the fireplace wis cast intae gowd. Even the flemms dancin in the fire became lang tongues o the bonnie glisterin metal.

Mehdas gaed ootside tae the palace gairden an nabbled at the dreels o flooers wi his gowden touch. Soon aa the roses an daffies were standin sterk an stiff as if frozen ower by a gowden frost.

Efter an oor, there wisna a windae-sill or a plettie in the haill place that he hadna made ower intae gowd.

"Eh'm stervin efter aa that," said Mehdas. "Servants, bring me a muckle feast!"

When the muckle feast wis laid oot on his new gowden table, the first thing he did wis dicht the crockery because he had eh waantit tae eat aff gowd plets.

"Gowd plets, tae," shouted Mehdas. "Eh'm really rollin in it noo."

Sae wi his gowden palace an gowden table an gowden saacers, Mehdas wis ready for his denner.

Greedily, he grabbed up a big juicy bridie but when it turned tae gowd the king wis that hungry he didna notice. Oh, he wis needin tae eat. He could scoff doon a field fou o coos an drink a loch fou o lemonade an still hae room for twa clootie dumplins. Sae openin his greedy gub as far as it wid gae, Mehdas chaaed doon as hard as he could on the gowden bridie.

There wis an affy crunch as the king's wallies stotted aff the gowden bridie brakkin twa o his front teeth.

"Oh meh goad," said the king, as the bawbee finally drapped. "Whut have eh done? How could eh be sae stupit?"

For Mehdas realised that altho he could afford tae buy the braaest food in the warld he couldna eat ony o it. He couldna even eat a jube-jube because the moment he touched it the thing wid cheenge tae metal. Whut wis he gaun tae dae? He wis gaun tae sterve.

Jist then, his son came in.

"Fether, meh room's got gowden waa-paper in it. Fether, meh sannies hae cheenged tae gowd. Eh canna git meh feet in them. An fether, Archimedes, meh dug. He's gowd, tae. He's oot in the gairden lehin on the gress wi his wee gowden legs up in the air an his gowden tongue hingin oot his mooth. Whut's happened? The haill palace is comin doon wi gowd."

"Aw, son. Eh've done a daft thing."

"Dinna worry, fether. Daft things can eh be sortit. Tell us whit's awrang."

"Oh, son. Ye're affy guid tae me," said Mehdas an, gled tae hae such a braa laddie for a son, he pit his han on the boy's shooder.

But afore he could mind whut he wis daein, wheech, he had turned his bairn intil a bonnie gowden stookie.

"Oh, whut have eh done noo?" crehd Mehdas. "Eh guddled aathin up again. Wha's gonnae help me?"

Dionysus heard the gleckit king greetin an came doon fae his hame in the skeh.

"Whut's awrang wi ye, Mehdas?" the god speired him.

"Oh, Dionysus," said King Mehdas. "Whutever eh dicht turns tae gowd. An eh mean AATHIN. It's affy. Eh canna eat a saasidge an eh've jist turned meh laddie intae this gowden statue."

"Ye widna be tellt, wid ye, Mehdas?" the god roared at the king. "You are a richt daftie."

"Eh ken," replied the king, hingin his haid. "Whut can eh dae aboot it?"

"Weel, eh canna stap ye bein daft. Ainly you can dae that. But eh'll help ye wi yir ither problem. The morn's morn, gae doon tae the Dichty Burn that runs ahint the palace an lowp intae the watter."

"Ye mean jump in the Dichty?"

"Eh. Haidfirst."

Sae the morn's morn Mehdas daandered doon tae the Dichty Burn in his shorters an flung hissel in, haidfirst, like the god had tellt him.

Mehdas drapped doon deeper an deeper throu the broon stoorie watter. Aa the time he wis feart it wis gonnae turn intae gowd an he'd be stuck in the burn forever. But the watter didna cheenge an when the king's dowper skelped the river bed the mud doon there didna cheenge either. Mehdas haaled hissel oot ontae the bank o the burn an touched a stane. When that didna turn immediately intae a gowden dockie, he kent he wis cured. The king fleeshed it hame tae the palace an foond that aathin had been cheenged back the wey it wis afore. He wis near greetin when his wee son came runnin doon the stair tae meet him.

Sae King Mehdas wisna greedy ony mair efter thon.

"Eh'll jist eat meh food aff widden plets like aabody else," he said. "Eh'm richt aff gowd noo. Eh'm seik at the sicht o it." An Mehdas, the king that had had the gowden touch, gied awa aa his jewels an croons an trehd tae keep oot o trouble.

But King Mehdas didna stey oot o trouble for lang.

Ane day up in the Heivens, the gods Apollo an Pan were haein a competition tae see wha could play the braaest music. Apollo got stertit wi his lute an his music wis that bonnie the speuggies on the trees stapped singin tae hae a listen. Soon Pan wis giein it laldie wi his chanter an the soond wis that sad an haantin even the wund stapped blaain tae hear the sang.

The judge gied the first prehze tae Apollo but King Mehdas, that wis luggin in doon on Earth, said in a loud voice that wis heard aa roon the Heivens, "Aw, here. Wha's judgin this? Apollo's wis mingin. Pan wis miles better. The judge must be deef as weel as stupit."

Puir gleckit Mehdas. Nae sooner had he let thae words oot o his mooth than the god Apollo wis tankin it doon fae the Heivens tae Earth an burstin intae the palace wi a chap that sent the king's door fleein doon the lobby an come tae a stap at Mehdas's feet wi a clatter.

Apollo wis ragin.

"There must be somethin awrang wi yir lugs, Mehdas," he raired. "Mibbe they're tae wee. Mibbe ye'll be better aff wi bigger anes." An Apollo waggled his fingirs at Mehdas.

Flegged the god wis gaun tae dae him in, the king pit his hans ower his ehs. Efter a few minutes, he opened them again. Apollo wis awa. He checked his legs an airms. Aathin wis still there. "Phew," said Mehdas, breathin oot. "Eh thought he wis gonnae gie me whut-for."

Happily the king kerried on wi his day until he gaed past a waa wi a mirror on it. Mehdas stapped daid in his tracks. Stickin oot fae his haid were twa muckle lang furry lugs. Cuddie's lugs like the anes on the clarty aald donkeys the palace kerters yaised tae kerry manure.

Mehdas wis mortifehd. Apollo had giein him cuddie's lugs. He didna ken whar tae pit himsel. Aabody wid laugh at him if they saw his lugs like this. He pit the biggest bunnet he could find on his haid an tucked the lugs inside it.

King Mehdas kept the bunnet on aa day every day. He wore it when he wis haein his tea. He wore it when he wis takkin a bath. He even wore it tae his bed.

"Eh'm no takkin this bunnet aff," he promised hissel. "Eh dinna waant onybody laughin at me. Eh'll jist keep it on forever."

But unner the bunnet Mehdas's hair grew langer an langer. It grew til his shooders. It grew doon his back. When it reached as far as the king's hurdies, he had nae choice but tae gae tae the barber's tae git it cut.

When the barber saw the lugs on the king, his ehs jist aboot popped oot o his haid.

"If you clype on me," Midas said, "eh'll see that ye hing fae the nearest aipple tree."

The barber promised no tae clype an he kept the secret til hissel for a haill year. But efter a year he couldna hud it in ony langer an he wis burstin tae tell somebody. Sae mindin his promise tae the king, the barber gaed doon tae the Dichty Burn an dug a hole in the burn bank.

"The king's got cuddie's lugs," he whispered intae the hole in the groond. Then he stapped up the hole wi clart an gaed awa hame thinkin that the secret wid be safe.

But in the spring, lang reeds grew up at the sides o the burn an when the wund blew throu them, they reestled an whispered:

"The king's got cuddie's lugs. The king's got cuddie's lugs."

When the people heard this, they laughed their baffies aff at aald King Mehdas.

Mehdas jist sat on his throne wi his muckle donkey lugs itchin an burnin him.

"Whut a baa-haid eh've been," he said listenin tae the laughter ootside the palace windae, an he promised hissel tae treh an no be gleckit ever again.

THE CAVE O DREAMS

Faur, faur tae the west, on the tither side o the settin o the sun, an faur, faur tae the north, whaur its licht is as weak as the lowe o a flichterin caunle, there is a land that wis yince hame tae a folk cried the Cimmerians.

It is a land o perpetual mirk, whaur ye canna richt tell whan the day ends an the nicht begins. In thae auld times it wis said by some that yin o the yetts tae the Netherwarld wis there. Ithers said that the Cimmerians bade in a toun that wis itsel biggit ablow the grund, an wis aw laich-hooses connectit by cundies an closes. They said that the indwellers niver gaed oot o their toun forby whan the rest o the warld wis asleep. But wha kens noo? For there's naebody alive the-day that wis iver in that toun.

No faur frae it, tho, is anither place that awbody has been tae. This place is a cave, an it wis yince the hame o Hypnus. Ye micht ken him better by anither name: Sleep.

This cave is buried deep in the side o a moontain, an even whit wee licht there is in that region disna get in. Whan Hypnus bade there, snoozin an snocherin nicht an day, the verra grund itsel slept wi him, an breathed oot heavy cloods o mist intae the cauld air. Ye'd niver hear a cock craw in thae pairts, nor a dug bark in the dawn, nor geese cry as they sailed across the muin. There wis nae skelter o wild beasties in the gress, nae kye rowtin, nae yatter o human vyces, nae brainches creakin an graislin in the wund. Awthing wis silent.

Oot frae the benmaist pairt o this cave ran the Water o Lethe, yin o the waters o Hades, the Netherwarld. Whan the deid arrived in Hades, they drank frae Lethe an it gart them forget their lives, but in the cave o Hypnus ye didna drink frae it: jist listenin tae its gentle tittlin ower the peebles gart ye want tae tak a nap.

At the mooth o the cave, there wis reid poppies noddin amang the gress, an a rowth o herbs an plants o aw kinds – camovine, luffage, sookies an soorocks – that gied oot great waffs o scent that the nicht gaithered an scattered ower the earth. Inby the cave there wis nae doors, in case a squeakin hinge should disturb Sleep. There wis jist a muckle wuiden bed, piled heich wi mattresses, happit wi saft daurk drapes an blankets, whaur Hypnus lay streetched oot, doverin awa in utter wabbitness. An lyin aw aboot him, on the bed an on the flair, wis dizzens o skailt dreams, in different shapes an sizes – dreams in bleck an white, dreams in reids an broons an yellas, douce dreams, laughin dreams an greetin dreams, dangerous dreams an couthie dreams, dreams aboot beasties an bogles an ghaists an gorgons, guid dreams an bad dreams – mair dreams than ye cud hope tae dream in a lifetime.

This wis whaur dreams cam frae. Hypnus wis faither tae a thoosan sons, an he sent them aff at nicht tae enter the heids o sleepers oot-throu the warld. There wis a time whan he yaised tae gang himsel, his great white wings flochterin as he fleed across land an sea an gart folk faw ower intae sleep. But noo he jist lay aboot like a sumph. He cudna be bathered even tae get oot o his bed. Whiles he'd turn ower, scart himsel, open yin ee, syne close it again. That wis aboot as muckle exercise as he got. He hadna left the cave an gane tae his work in years. He sent his sons oot insteid.

Each o Hypnus's sons had a special pooer. Yin cud chynge himsel intae a beast or a bird or a snake whan he entered folk's dreams. Anither cud mak himsel look like ony solid thing – a stane, a tree, a hoose, a boat. Some o the sons were awfie fantoosh, an wid shaw themsels only in the dreams o high-heid-yins – kings, generals, priests an siclike – while ithers were mair coorse, an got intae the dreams o orra-louns an puir folk. But the

24

son wi the maist skeel o them aw wis the yin that cud imitate ony human he wantit. He wis cried Morpheus, an he wis that gleg he cud capture the least wee feature o onybody – the wey they walked, the wey they smiled, the pitch o their vyce…. He wis the spittin image. He aye pit on the kinna claes they wid weir, an yaised the kinna words they wid yaise. Whan Morpheus cam tae ye in yer dreams, he cud *morph* intae yer ain mither an ye wid niver ken the difference.

It wis Morpheus that wis sent in a dream tae Alcyone, the Queen o Trachis, whan her man Ceyx had been awa frae hame for months wi niver a word tae let her ken he wis safe. The truth wis, he *wisna* safe. He had been drooned at sea in a terrible storm, but Alcyone widna thole even the suggestion that he micht be deid, that he micht no iver return. Day an nicht she sent up prayers tae the gods, an especially tae Juno, speirin that her husband be sent back tae her. The cauld-hertit Queen o Heiven wis that deaved wi these ceaseless prayers that she sent her message lassie, Iris, tae Hypnus's cave. "Awa an tell that lazy auld man tae send his son Morpheus in a dream tae Alcyone," Juno said. "He can tell her whit's happened, an I'll get some peace."

Aff gaed Iris tae Hypnus's cave. She had tae shout an bawl an rattle her bracelets on the wuiden bedpost for aboot an oor, afore Hypnus even steered. Syne it wis a sair task tae wauken him up eneuch tae gie him the message, an nae suiner had Iris managed this than she had tae hurry oot again afore she wis owercome wi sleep hersel. Hypnus sat up in bed, cawed for Morpheus an tellt him, gantin efter ivery saicont word, whit he had tae dae. Then he fell back ontae his pillaes an crashed oot again.

That nicht Morpheus fleed tae the city o Trachis, whaur he pit aff his wings an pit on the appearance o Ceyx. He entered the palace o the sleepin Alcyone, an stood aside her bed, aw white an daith-like, the claes hingin aff him, his baird drippin saut water on the flair, his airms an legs aw bruised frae their fecht wi the radge seas. He spak tae her in Ceyx's vyce, tellin her o the storm, an that he an aw the crew an the ship had gane tae the bottom o the ocean. In her sleep Alcyone saw her deid husband, an stertit tae greet, turnin an girnin in the bed. She raxed oot her haun tae the figure she saw, but her fingers cleeked only at thin air, an at that moment she woke up an kent that the dream tellt the truth, an that Ceyx really wis deid.

She got up, pit on her claes, an summoned the servants tae tell them that their maister wis nae mair. Syne she daunered doon tae the shore tae grieve alane. She cudna unnerstaun hoo the gods, kennin that she an Ceyx luved yin anither sae muckle, cud be sae cruel as no tae grant her prayer an send him hame again.

The fact o it wis, the gods were jealous o their luve. They cudna staun tae see mortals mair happy in luve nor whit they were themsels. As Alcyone stood greetin on the beach, she saw something floatin in the water, gettin washed in towards her by the current. Suin it wis only a few yairds awa, an she realised that it wis a corp. She breenged intae the water an poued it oot, an fund that it wis her ain husband's corp, an that in this dreich wey her prayer had been heard an answered.

She wis jist hert-seik wi wae. She streekit oot Ceyx's body on the saun an lay doon aside it hersel. She had nae wish iver tae leave his side again. Whan Juno, lookin doon frae Heiven, saw this, even she felt vexed for her, an she an Jupiter decided tae reunite the luvers for aye. Sae they turned Alcyone an Ceyx intae kingfushers, thae bonnie bricht birds o the rivers an firths, an they were niver again pairtit.

It yaised tae be thocht that the kingfusher biggit its nest tae float on the ocean, an yince in the spring o ivery year the gods wid order the seas tae be quiet for seeven days, sae that the kingfushers' eggs cud hatch. Anither name for the kingfusher is the halcyon bird, an tae this day folk cry days that are lown an blissfu *halcyon days*.

Ye micht say the same thing aboot a guid sleep tae. Or whan ye're haein a lang lie an ye're aw warm an snug, hauf-awake, atween the sheets. Syne ye drift aff again – jist anither five minutes afore ye get up. That's aw . . . jist five mair minutes . . .

That's whan ye get some o the best dreams. An some o the worst. The maist real like. Whan ye dinna ken if ye're awake or asleep. Ye dinna richt ken if whit's in front o yer een is real or no. That's the thing aboot dreams. Are *they* in yer heid, or are *you* in them? An whit's the difference atween dream an reality onywey? Is it no jist aw pictures in yer heid?

Can ye really tell?

Weel, can ye?

ECHO AN NARCISSUS

There wis yince an auld man cried Tiresias, that had the gift o great wisdom, an cud see intae the future. This wis no a skeel he'd ayewis had. Lang, lang syne he hadna been sae wice, but had gotten himsel in the middle o an argument atween Jupiter, the supreme god o Heiven, an his wife Juno. It's an ill thing tae come atween a king an a queen, an Tiresias had peyed for it sairly. He had upset Juno, an she, oot o spite, had made him blin. Nae god, no even the King o Heiven, can undae the work o anither god. But Jupiter felt gey sorry for Tiresias, wha had taen his pairt in the argument, sae he gied him the pooer tae see intae the future tae mak up for his no bein able tae see in the present.

Ae day, yin o the nymphs, thae sonsie lassies that look efter the wuids an rivers an burns an are weel-kent for their freenliness tae humans, cam tae see Tiresias. Her name wis Liriope, an she had jist gien birth tae a bonnie wee bairn, that she cried Narcissus. She wantit tae find oot if her new son wid live tae a richt guid age. Blin Tiresias wis the only yin there that cudna see hoo bonnie Narcissus wis. "Ay," he said, "he will, if he disna come tae ken himsel." Naebody unnerstood whit he meant by this, an Liriope gaed awa hame, an didna think muckle mair aboot it.

By the time he wis sixteen year auld, Narcissus wis jist aboot the fairest craitur onybody cud imagine. Ye only had tae get a glisk at him tae faw in luve wi him, an mony folk did jist that. But Narcissus, for aw that he had a saft, leesome ootside, had a hard pridefu hert inside, an widna let onybody near him.

Ae mornin, wha should spy him as he wis oot huntin deer in the wuids but Echo? Echo wis a nymph that cudna steek her mooth whan somebody else wis speakin, but yet niver said a word first hersel.

In thae days, Echo wisna jist a vyce, but still had her body. But yatter awa tho she micht, she wis nae different then frae hoo she is noo – aw she cud dae wis repeat the last words o onything she heard. This wis because, like Tiresias, she had yince fawn foul o Juno, for whan Jupiter wis oot dancin an cairryin on wi the nymphs, makkin his wife jealous, Echo yaised tae distract Juno wi her ceaseless haivers. Juno had realised whit she wis up tae, an said, "I'll clip yer tongue, lassie, sae ye canna deave me sae lang an play thon trick on me again." Sae she made Echo no able tae speak until she wis spoken tae, an that wis hoo Echo cam tae be the wey she wis.

Whaniver she saw Narcissus daunerin throu the fields an forests, she fell heelstergowdie in luve, an began tae follae efter him. The closer she got tae him, the mair she felt hersel growein het wi luve, jist as ye feel the heat whan ye staun ower close tae a bleezin fire. Oh, hoo she wantit tae speak tae him! But she cudna. She steyed as close as she cud, sae she cud answer him if he said onything.

Narcissus hadna meant tae gang that faur intae the wuids alane, an sae whan he thocht he heard a soond ahint him he wis a bittie feart. "Is onybody there?" he cried oot, an Echo answered, *"Onybody there!"* Narcissus wis dumfoonert. He stared aw roon aboot him, but cudna see her as she wis amang the trees. "If ye're there, let me see ye!" he cawed. *"See ye!"* said Echo. Narcissus turned aboot again, but still cudna see ocht. "Whaur are ye?" he said. *"Are ye!"* Echo answered.

Narcissus wis awfie pit aboot wi aw this, sae he said, "Whaiver ye are, come oot an let's meet!" This wis whit Echo had been wantin tae hear. *"Let's meet!"* she said, an steppin frae ahint a muckle aik tree she gaed tae fling her airms aroon his neck. But Narcissus wis bleck-affrontit. "Get awa frae me!" he said. "Whit gars ye think I want ye tae kiss me?" Puir Echo cud only say back, *"I want ye tae kiss me!"* an at this the bonnie boy fleed awa as fest as he cud rin.

Echo had been jiltit. She felt gey sorry for hersel. She gaed back intae the daurk wuids yince mair, an iver since that day she has bade in caves an lanely places. But she cudna get the luve oot o her hert – she cudna forget Narcissus. Thinkin on him kept her awake at nicht. She didna sleep, she didna eat, an she began tae look peeliewallie an shilpit, an grew as thin as a skelf. Suin her skin wis aw runkled, an her ain guid looks fadit awa, till aw that wis left o her wis her banes an her vyce. Syne there wis jist her vyce, for her banes were turned intae stane. Even tae this day, tho ye'll niver see Echo, ye can hear her whiles when ye walk amang the wuids an on the bens.

Narcissus wis prood an vauntie, an Echo wisna the first yin whase hert he had broken. At last anither puir sowl that had been fair begottit wi him sent up a prayer tae Heiven: "May he that we hae aw fawn in luve wi, faw in luve wi anither, jist as we hae! An may he, like us, no be able tae win the yin he luves." An the goddess Nemesis, whase job it is tae reward virtue an punish them that dae ill, heard this prayer an answered it, as ye're aboot tae read.

Deep in the forest there wis a caller pool, wi sheenin siller water that had niver been steered up by coos or moontain gaits, an that nae shepherd had iver cawed his yowes tae. Even the wild craiturs, the birds an beasts o the forest, didna drink there, an the trees that hingit ower the water didna drap their leafs or brainches intae it. Its banks were o lush green gress, an the sun shone doon on it jist eneuch tae mak it fine an warm, but no ower het.

Narcissus wis wabbit efter chasin deer in the middle o the day, an cam tae this place tae lie doon for a rest. He had a terrible drouth, sae he leant oot ower the pool an bent his heid tae tak a drink. Jist as he wis daein this, Nemesis cam up ahint him. She had brocht wi her Aphrodite's fykie son Eros, that gaed aboot shootin arras intae folk an makkin them faw in luve. Nemesis pynted oot Narcissus's dowp tae Eros, an Eros cudna resist. He pit an arra tae his bow, an let flee at the bonnie target. Then he an Nemesis hurried awa throu the wuids.

Narcissus didna even feel the wee arra strikin hame. He bent ower the water tae drink. An there he saw, starin back at him, the bonniest face he had iver seen in his life. He wis transfixed, an fell intae a dwam there on the bank, as he looked at his ain reflection in the water. He saw his een like twa skinklin stars, his saft lang hair, his fine cheekbanes an his perfect chist an airms, an he cudna help himsel, he fell in luve. He raxed doon, tryin tae touch the vision afore his een, but o coorse he wis raxin at naething. He cudna unnerstaun that if he jist turned awa himsel, the vision wid disappear – it only existit because *he* existit. When he gaed awa, it wid gae awa tae – but the thing wis, he *cudna* gae awa!

An noo he wis the wey Echo had been: he had nae thocht o food or sleep, an he cudna pit the picture o himsel frae his mind. He kent something wis no richt, but he cudna work it oot. "O wuids," he grat tae the trees aroon him, "did ye iver see a luve sae sair? The bonniest thing I iver set een on is richt there afore me, an I canna rax tae it! An it's no a muckle sea that keeps us pairtit, or a lang road, or snaw-happit moontains, or a toun wi steekit yetts an heich waws. It's jist a wee bit water atween us. An you, puir laddie that I'm lookin at, I can tell ye're feelin the same wey, for whaniver I rax oot ma airms, sae dae you; whaniver I smile at ye, you smile back; an noo whan I greet, I can see the tears on your face tae. I haud oot ma haun tae ye, an ye haud oot yours, an whan I speak tae ye, I see yer lips move, but I canna hear whit ye're sayin. Yet whan I dook ma hauns intae the pool towards ye, suddenly ye're no there! Whaur dae ye gang tae? Ah, this is ill tae thole. I'm in the flooer o youth. I should be joyfu an fou o life, but I'm brakkin up wi wae. I'd be better aff deid. At least if I wis deid I widna feel this pain. But if I dee, then I fear the bonnie lad I see will dee wi me. I wish that didna hae tae be. I widna mind daith if I thocht that braw-lookin laddie wid still live."

His tears plashed intae the water like draps o rain, an his reflection began tae fade awa. At this Narcissus tore at his claes in despair, an wi his nieves beat his breist, that wis white as alabaster, till there wis a wee gowden-yella bruise upon it. The mair he grat, the mair he dwined awa. Whit had happened tae Echo wis noo happenin tae him. He wis wastin awa tae naething.

Echo wisna faur aff, an tho she mindit the wey he had treatit her, yet she cudna help but feel sorry for him. Ivery time Narcissus cried oot, she cried oot tae; whan he duntit his breist wi his nieves, Echo made the same soond. An at last, whan he said, "Fareweel!" Echo said it back tae him, *"Fareweel!"* It wis the end for Narcissus. He pit his heid doon on the green gress, an deed.

Whan the ither nymphs o the wuid heard aboot this, they cam lookin for Narcissus at the caller pool in the hert o the forest. They wantit tae tak his corp awa an bury it. But they cudna find him. Aw they fund, growein on the bank, wis a bonnie wee flooer, wi white petals in a circle roon a gowden-yella centre: a flouer that tae this day is cried the narcissus. But ye micht ken it better as the *yella lily*, the *white lily*, or the *daffodil*.

Whan word o whit had happened spreid aboot, the spaeman Tiresias's prediction wis mindit, an his reputation as a wice auld seer became kent oot-throu the haill warld.

ARIADNE IN THE CLOODS

Ye ken hoo sometimes, afore a thunnerplump, ye hear a douce, dirlin rummle? No that lood clatterin that comes fae Hephaestus dingin his haimmer an makkin thunnerbolts. But the safter kind, that niver turns intae lichtnin? That's me, Ariadne, dancin on the cloods. I bide on Moont Olympus noo; but I didna ayewis. I wis born a mortal, jist like you.

I grew up on the bonnie island o Crete – see, doon there? – that's set faur sooth in the Mediterranean Sea. I wis a princess. Ma faither, King Minos, ruled the haill island, an a wheen lands in Greece forby. Ivery day, fowk wid come tae the palace, humphin muckle jars o olive ile an wine, an the herbour nearby wis thrang wi ships bringin things tae sell fae aw the airts. But ae day something happened that chynged ma life for aye. News reached the palace that ane o ma brithers had been killt in Athens an ma faither went gyte wi rage. He pit on his plumed helmet an sailed aff in a ship fou o Cretan warriors tae fecht the Greeks. It wis mony months afore he returned; but the war wi Athens went on lang efter that, an the herbour – that had ayewis been fou o the colours an cries o merchant ships – wis thrang wi bronze-nebbit warships insteid.

Ae day, in the middle o the war, a stranger dressed in Athenian claes arrived at oor palace an speired for the King. I wis feart an wantit tae rin awa, but Phaedra, ma aulder sister (wha wis ayewis mair gallus than me) got me tae hide wi her ahint a pillar an keek oot tae see whit wid happen. I thocht the man had gane gyte, for he speired ma faither for a job. At first Minos lauched.

"Whit can a glaikit Athenian dae that the youngest bairn o Crete canna?" he said.

"Gie me some wuid an I'll shaw ye," the stranger replied.

He brocht oot a bag o tools an biggit twa wee wuiden dolls, wi jintit airms an legs. Syne he held them oot tae us – for he kent fine we were there. Phaedra an I ran oot fae oor hidin place, lowpin an clappin oor haunds, an begged oor faither tae let the clever stranger stey.

The Athenian wis cried Daedalus. He had been a maister airchitect in Athens, an Minos agreed tae gie him a hame if he wid design a braw new palace for him, that wid be finer than onything in Greece. Sae Daedalus steyed. Ivery day, Phaedra an I veesited his workshop, an he made us byordinar toys tae play wi: birds wi peckin nebs, butterflees wi flappin wings, an cheriots wi birlin wheels poued by wuiden horses. He tellt us stories aboot Athens: hoo Athenian women tied up their hair an dressed gey different tae the lassies on Crete. But he niver tellt us hoo he cam tae leave his hame, an the palace wis fou o rumours o hoo he'd murdered a man – his ain apprentice – an had had tae flee gey fast fae Greece.

By the time the new palace wis feenisht, Phaedra an I were growen lassies. Daedalus had mairried a servant lass an had a son, cried Icarus, that wis noo his apprentice. The palace itsel wis the mervel o the age. It wis built on fower levels an ivery room had pipes cairryin watter for washin an bathin. In the centre o it aw, there wis a lang room. On ae side, it wis open tae the sea; an on the ither sides, its waws were covert wi pentins o bulls an byordinar sea craiturs. On special days, muckle bulls were led intae this room an Cretan athletes – baith lads an lassies – shawed hoo gallus they were by rinnin at the bulls' heids, cleekin their horns an lowpin ontae their backs an aff again. Efterwards, women dancers – me amang them, for I luved tae dance – wid stert tae birl roond: slaw at first, then faster an faster, tae the lang locks o oor hair, twistit intae ticht spirals an decoratit wi strings o pearls, span oot, an oor skirts birled like peeries.

But Daedalus had designed a mair mervellous room than this. Faur ablow the dancin flair wis anither room, a derk room this time, fou o corridors that twistit an turned – jist like the Meander River, doon there, in Phrygia, whase streams wind ae wey an then anither. Daedalus cried this room the Labyrinth, an baith Phaedra an I were forbidden tae enter it. There wis ae door intae the Labyrinth, but nae wey oot. It had been built as the hame o a monster we cried the Minotaur: a craitur wi the body o a man, but the heid an horns o a muckle bleck bull.

I had niver seen the Minotaur, but I had heard mony stories fae the servants in the palace. Stories aboot the monstrous size o his horns, an his muckle appetite; hoo the servants had tae fling twenty sheep an goat carcasses, or a hunner live chickens, at a time intae the Labyrinth, an rin oot feart for their lives afore the Minotaur shauchled up tae the door.

There were stories, tae, aboot whaur the Minotaur cam fae. The story that flegged me the maist wis ane that Phaedra tellt me: that the craitur wis oor hauf *brither*; that the gods had been angry at Minos for no sacrificin a special bull tae them an, as a cruel joke, had made oor mither faw in luve wi this bull an gie birth tae a bull-bairn. I didna ken the truth an wis feart tae speir ma faither or mither. I ettled no tae think aboot the Minotaur, an every time I danced abuin the Labyrinth, I ettled no tae hear the soond o its braith an shauchlin hoofs.

By this time the war atween Crete an Athens wis ower. But as pairt o the peace terms, ma faither had demanded that fowerteen Athenian lads an lasses be sent tae him as prisoners. They were tae stey ae nicht in the palace, but in the mornin they wid be led intae the Labyrinth tae feed the Minotaur.

Whan the Athenian prisoners arrived, they were led intae the throne room, whaur the haill coort wis gaithert. I wis dressed in ma dancin claes, as I wis tae dance afore the palace that nicht. But whan I saw the leader o the prisoners, wi his sleekit limbs an bonnie bleck hair, I wis smitten wi luve; ma heid dirled an I felt a gliff o reid burn in ma cheeks. The prisoner stepped forrart an annoonced that he wis Theseus, the son o the King o Athens.

"The Minotaur will be weel fed wi sic royal meat," said ma faither. "As ye are a prince, ye can be the first tae enter the Labyrinth the morn."

"I amna feart o the Cretan bull-man," answered Theseus, heezin up his pridefu heid. "I will kill the ugsome craitur an free ma freens an the fowk o Athens."

"Ye micht save yer freens, prood Athenian," said ma faither, "but ye'll no save yersel. Even if ye dae kill the Minotaur, ye will be trapped in the Labyrinth for aye an will sterve there amang the skeletons o yer kinsfowk."

I luiked til ma faither in horror, an ettled tae rin towards him, but Phaedra held me back, whisperin, "Wheesht, sister! Dae ye want the haill coort tae think ye are daft on an Athenian lad? Mind that ye are a princess o Crete."

But whan I danced that nicht, I cudna help masel fae keekin at Theseus, an I wis shair I saw him luik at me. Phaedra, tae, despite her shaw o bein leal tae oor faither, seemed no tae be able tae tak her een aff the prince.

I feenisht ma dance early an ran tae the workshop, whaur I kent Daedalus wid be workin late. Daedalus, I thocht, maun ken the wey tae escape fae his ain Labyrinth. Forby, he wis an Athenian an wid shairly help an Athenian prince. But whan I speired at him for the secret o the Labyrinth, Daedalus shakit his heid.

"Princess, it is mony year syne I designed the Labyrinth," he began. "Yer faither made me destroy aw the plans I had drawn, an I canna richt mind its pathweys wioot them. I micht tell ye wrang an send Theseus intae a trap. I hae killt a man afore, lang syne, an I dinna want tae help anither tae his daith."

I wis hert-seik. Whan Daedalus saw hoo I felt, he tellt me there micht be anither wey, an began guddlin aboot amang his tools tae he foond a baw o thick twine.

"Tell Theseus tae tie the end o this twine tae the door o the Labyrinth," he said, "an unhap it as he walks. He can ayewis find his wey back if he follaes the threid."

Early nixt mornin, I stood waitin at the tap o the derk stair tae the Labyrinth. Forby the baw o twine, I wis haudin a dirk that I had stolen fae ma faither's room. As Theseus wis led past, I didna daur luik at him, feart ma face micht betray me tae the guairds. But as he skiffed past, I slippit the twine an the dirk intae his haunds an whispered Daedalus's plan.

I stood close by, as the stane door closed ahint Theseus – sae close I cud feel the icy cauld air o the Labyrinth skelp ma skin, an near foondert at the reek o foostie meat comin fae inside. I closed ma een, an imagined Theseus tyin the twine tae the back o the door, stickin the baw on the pynt o his dirk sae it wid unhap as he walked. In ma mind, I saw him pass piles o champit banes, an waws smoored wi the bluid o the Minotaur's victims. Suin, I heard the snochters o the Minotaur an cud feel the groond shooglin wi its steps. I kent Theseus wis getting near the centre, whaur the monster bided. Mibbe noo, he saw the cloods o the craitur's braith hingin in the air. The craitur maun hae been twice Theseus's size, its slaverin jaws barkit wi dried bluid, an its bluid-rin een glowerin radgelike. Noo Theseus wisna tall, or weel-built; but he kent weel hoo tae wrestle. Altho the Minotaur tooered abuin him, he wis able tae flit aboot, gleg as a hinny-bee, an bumbaze the craitur. The Minotaur stottert an stampit, an peched an snochtert, but cudna cleek ontae Theseus. The Athenian dooked unner the Minotaur's horns an stickit his dirk intae the craitur's breist, ower an ower again. The Minotaur skreiched an trauchled aboot, but Theseus held his dirk fast in the craitur's flesh, tae at last it foondert an clattert tae the groond in a dub o its ain bluid. Ootside, I felt the michty dunt as the Minotaur fell, an I heard its deein girns. Whan Theseus cam oot, pechin an smoored wi its bluid, I wis hert-gled. Cleekin ontae ane anither, we fled tae Theseus's ship waitin in the herbour.

The sails o the Athenian ship were bleck. Theseus had promised his faither tae chynge the sails tae white if he killt the Minotaur; an by this sign, the King wid ken whether his son wis alive or deid lang afore his ship reached Athens. But there wis nae time tae chynge them noo, for the palace guairds micht be efter us; an sae suin as we lowped aboard, the ship poued awa fae the Cretan coast.

Sae I set sail wi Theseus for Greece, a country I had niver seen. Aw that I kent aboot Athens were the stories Daedalus had tellt me as a bairn. I wis feart I wid luik unco strange tae the Greeks, an that they widna want their prince tae mairry a Cretan lass.

I needna hae fashed, for the gods had ither plans for me. Whan oor ship arrived at the island o Naxos, we aw went ashore tae eat an rest. I wis that happy tae be on land again, I stertit tae dance, thinkin naebody wid pey me ony mind. But ye niver ken whan the gods are takkin tent. Dionysus, the god o wine an pairtyin, had been veesitin Naxos, an saw me dance. On a sudden, he made up his mind tae wheech me awa fae Theseus.

"That lassie is wastit on a mere mortal," the god sneered. "I will mak her *immortal* an she can dance in the haws o Moont Olympus."

Sae the sleekit god disguised himsel an crept intae Theseus's dreams as he slept. "Theseus," said the dream Dionysus, "Leave Ariadne an return tae Athens wioot her."

Whan Theseus awoke, he didna mind aboot me at aw, an made ready tae sail for hame wioot me. I wis dumfoonert, an stertit tae rin towards the depairtin ship. But I felt masel bein poued backarts, an syne up, as a muckle whirlwind gaithered an birled me skywarts tae the hame o the gods on Moont Olympus. The bonnie white pearls lowsed fae ma hair an skited aff intae space, whaur they became a constellation o bricht sterrs.

Sae noo I dance on the clouds abuin ye, hert-seik for the hame I left on Crete. An fae here, I can see aw that happens. I saw Theseus returnin hame tae Athens an forgettin tae chynge the colour o his ship's sails; an his faither, miskennin by this that his son wis deid, deein himsel wi grief. An I saw whit happened tae Daedalus.

Ma faither wis bleck-affrontit whan he foond oot that Theseus had escaped – an taen me wi him. He jaloused that Daedalus had helped in some wey, an locked him up in his ain Labyrinth wi his son, Icarus. But Daedalus wis ower cannie tae stey there for lang. There wis a windae, heich up in the wa, that had aince let in air for the Minotaur tae breathe. Onybody lowpin fae it wid be killt on the jaggy rocks ablow. But Daedalus wisna thinkin on lowpin. He had been watchin the seabirds flee past the windae an stertit drawin picters o their wings. He gaithert chicken feathers fae the Minotaur's lair, an picked up the twine that Theseus had left ahint. Wi these, Daedalus biggit twa pair o artificial wings: ane for himsel, an ane for Icarus. He jined the wee-est feathers thegither first, syne added layers o bigger anes, tae he wis shair the wings were strang, an finally smoored the haill unnerside wi meltit wax. Whan the wax wis richt set, Daedalus helped Icarus pit on his wings, syne picked up his ain.

"Mind, Icarus," he warned, "dinna flee nearby the sun. Yer wings arena jist like a bird's. Phoebus's rays will melt their wax an they will faw apairt."

Sae Daedalus an Icarus lowped, ane efter the ither, fae the windae o the Labyrinth. Their wings were heezed up by the warm air an they were suin glidin faur abuin the Cretan coast. At first, Icarus follaed his faither; but syne he got mair gallus an stertit fleein faur aheid. "Ca cannie, Icarus," I heard Daedalus warn. But Icarus wisna listenin: he wis soarin, fair kittled by the feelin o flicht. Daedalus cried looder an looder, as Icarus got faurer an faurer awa. He ettled tae follae his son, but the wax on his ain wings stertit tae melt an he kent there wis naething he cud dae. In desperation, he cried oot tae Athena, the goddess o craftsfowk, mindin her hoo she had saved his apprentice afore in Athens. An it wis then that I foond oot whit had happened tae Daedalus that time.

Daedalus's young apprentice had inventit a saw – something that naebody in Athens had seen afore – jist by copyin the jaggy shape o a fish skeleton. Daedalus had gane gyte wi jealousy, an had lowped at the apprentice, pushin him oot the heich windae o his workshop. But Athena had been watchin an, feelin sorry for the lad, chynged him intae a bird as he fell, sae he cud flee awa. Noo, Daedalus begged Athena tae turn Icarus, tae, intae a craitur wi real wings that wid save him. But this time, the goddess wisna takkin tent, an we baith gawked, pooerless, as Icarus tummelt heidlang intae the sea in a clood o brukken feathers.

Hert-sair an forfochen, Daedalus landed faur fae Crete, on the island o Sicily. He wis gien a job there, in the palace o anither foreign king, inventin new mervels. But he niver flew again, nor biggit anither pair o man-size wings. An whan he tellt his new apprentices that mortals cud flee like the birds, awbody said he had gane gyte an wis jist talkin haivers. But I've seen mortals flee since then, an seen some gey weird contraptions traivellin throu the sky. An I ken it wis Daedalus that stertit it aw.

Mibbe ye'll mind some o ma story whan ye nixt hear the thunner rummlin. An mibbe ye'll mind on Daedalus the nixt time ye find yersel fleein throu the cloods.

THE MAN THAT MADE A
MEAL O HIMSEL

There wis yince a man cried Erysichthon. Ay, whit a moothfae o a name! That wis whit folk yaised tae say aboot him aw the time: "I dinna really like that fella. Weel, tae be honest, I'm feart tae say hello tae him in case I get his name wrang. Hoo dae ye say it again? ERRI SICH – oh, the '-ch' as if I wis sayin 'loch'? An 'thon' as in 'thon hoose ower there'? ERRI SICH THON. Erysichthon. Is that it, eh? Weel, I'll mibbes try that nixt time I see him. Thanks, pal." Five minutes later they'd see Erysichthon comin doon the street an nip intae a close tae avoid haein tae speak tae him.

It wisna jist his name that pit folk aff him tho. Erysichthon had a richt bad temper on him, an he also didna hae ony respect for ithers. He wis yer original Neebor frae Hades. He didna hae ony respect for the gods either, or for the Earth. Ye wid niver see him gaun intae the temple tae offer up prayers or incense. "Me, I'm no a kirkie kinna guy," he wid say. "I dinna believe in aw that stuff. As faur as I'm concerned, we're here tae get rich an niver mind the affcome. The Earth is oors tae dae whit we like wi – an naebody, god or human, is gaun tae tell me ony different. Noo get oot ma road!"

Erysichthon wis wantin some wuid tae mak a table an chairs. There wis plenty o trees tae choose frae, but he decided this table an chairs, since they were for his ain front room, had tae be made frae the brawest wuid he cud find. Sae he took his men intae the forest till he cam tae a plantin cried Ceres's Grove, an there he stopped an had a keek aboot.

41

Noo Ceres wis the goddess o corn, a kinna earth-mither. She made shair that the grund wis rich wi guidness an that awbody got a fine hairst. An in the middle o this grove o hers, there stood a huge aik tree, hunners o years auld. It wis that big it wis awmaist like a wee forest in itsel. It wis hung aboot wi garlands an wreaths pit there by nymphs ower the years whan they cam tae gie thanks tae Ceres for her kindness. Awbody kent it wis a special tree, an tho they aften cam tae admire it, naebody iver thocht o hurtin it.

Except Erysichthon. He took wan look at it an said, "That's the tree for me. That'll mak a braw table for me tae hae ma tea aff. Lads, cut it doon!"

Erysichthon's men were nae safties, but even they humphed an hawed at this. They kent that hackin doon Ceres's favourite tree wisna a wice thing tae dae.

Whan Erysichthon saw them hotchin aboot, he went radge. "Gie me yer aix!" he shouted at the nearest man. "I'll shaw ye hoo it's done. Think I'm feart o a tree? Ha! I widna even be feart if this wis the goddess Ceres hersel." An he took a michty swing wi the aix, an it bit deep intae the bark o the tree.

The tree gied oot a girn! It seemed tae shak wi pain! An something that micht hae been sap, but wis daurk an reid as bluid, began tae sype oot o the gash he had made.

Awbody else wis gey near peein their breeks. *Lea it alane, ya mad eejit*, they were thinkin, *or ye'll get us aw killt.* But they didna daur say onything.

Then wan man had the courage tae step up an staun atween the tree an Erysichthon, wha wis jist gettin set tae hae anither shot wi the aix. "Gonnae no –" the man stertit, an the aix took the heid aff his shooders an sent it skitin awa throu the air, till it landit on the grund wi a thump an said "– dae that?" An then the heidless body fell doon deid.

"Onybody else want tae object?" Erysichthon raired, giein them aw daurkers. Awbody looked the ither wey, an Erysichthon got wired intae the tree, hackin awa at it wi blaw efter blaw.

42

Noo it turned oot there wis a nymph's spirit bidin in the tree, an while the blade o the aix haimmered doon her vyce cud be heard greetin. "I gie ye fair warnin," the vyce said. "Ceres is gaun tae be bealin whan she sees whit ye've done, an ye'll get whit's comin tae ye."

"Ach, ye'll get yours quicker!" Erysichthon yelled back, an wi a last fearsome straik he cut throu the aik's trunk an the haill tree cam crashin doon.

Erysichthon had his men strip the brainches aff the trunk, cut it intae pieces, an harl them back tae his hoose. But even while he wis gettin the jiners tae mak up his table an chairs, the forest nymphs were tellin Ceres whit had happened an beggin her tae punish him for his wickit deed.

Ceres thocht lang an hard aboot whit wid be a fittin punishment for sic a greedy man. At last she decided that she wid torment him wi Hunger.

Noo Hunger had a verra different kinna nature frae Ceres. Ceres wis concerned wi makkin the fields thick wi corn an aits, wi makkin the fruit trees bou doon wi aipples an plooms, wi seein the coos an lambs growe fat an sleek wi lush gress. Hunger wisna intae ony o that at aw. Because o this, Ceres an Hunger cudna iver meet. Sae Ceres sent yin o her nymphs insteid.

"There a place awa up in the north I want ye tae gang tae," Ceres tellt the nymph. "It's an awfie grim place. Nae trees, nae flooers, nae birds. Jist rocks an stoor, an a snell, snell wund. Hap up weel, for that wund'll cut ye like a knife. A haill clan o miseries steys up there: Cauld, Fever, Hoast, an Hunger. Tell Hunger that I wid like her, as a favour tae me, tae bury her spirit in the wame o this Erysichthon gadgie, an drive him daft wi want o food. Tell her tae lea it in there as lang as it taks. Noo it's a fair hike tae her bit, sae ye'd better tak ma cheriot."

The nymph got ready for the journey, but jist as she wis leavin she said: "Oh, by the wey, hoo will I ken which is Hunger whan I get there?"

"Dinna fash aboot that, hen," Ceres said. "Ye'll hae nae bather at aw."

The nymph shot aff up north, an efter a while she reached the grim place Ceres had tellt her aboot. Cauld, Fever an Hoast were staunin aboot lookin aw peeliewallie, wi snochters hingin frae their nebs. Cauld wis chitterin, Fever wis sweatin, an ivery time Hoast hoastit her haill body wis racked wi pain. The nymph thocht they should aw be in their beds – they looked terrible. Syne she saw Hunger an by comparison wi her they looked like Olympic athletes.

Hunger wis by hersel in a field o sherp stanes, teirin up the odd blade o gress wi her lang nails. She wisna a bonnie sicht. Her hair wis manky an unkaimed, there wisna a bit o colour in her cheeks, her teeth were rattlin in her gams an her lips were cracked an dried oot. Her claes were in rags an she had scabs aw ower her body. Her skin wis streetched sae thin that ye cud see throu it. Her banes were stickin oot aw weys, an the jynts o her legs an airms were swollen an sair-lookin. Whaur she should hae haen a stomach wis jist a toom space.

The nymph wis scunnered. She didna want tae get ower close. She stood at the edge o the field an delivered Ceres's message. Even afore she'd finished she stertit tae feel like she hadna ett for a month, sae she lowped back in the cheriot an drave hame.

Hunger didna hae onything else tae dae that efternuin, sae she did whit Ceres had asked. She let the wund cairry her like a kite throu the air, till that nicht she cam tae the hoose o Erysichthon. He wis sleepin. While he slept, Hunger pit her shilpit airms aboot him, an her mooth on his mooth, an blew in throu his lips. She wis pushin her ain spirit intae his body. Whan she wis done, she flew awa again.

Erysichthon began tae twist an turn in his bed. He wis dreamin o an enormous feast spreid oot on his braw new table. His teeth stertit champin, an he swallaed big gowps o air. He woke, an sat up. He wis stervin! Hoo lang had he been sleepin? Oh, he cud really murder a fush supper. Na, mak that a whale supper. He cud eat a scabby-heidit wean. Na, triplets. An a horse. Twa horses. Twa horses an a cairt fou o cheese pieces. He'd niver felt this hungry afore.

He gaed straucht tae his front room an sat doon at the heid o the table. "Bring me ma breakfast!" he bawled at his slaves. "An ma denner, tea an supper an aw! An the morn's breakfast. I dinna care whit it is, as lang as there's plenty o it. An a big joug o water tae wash it doon wi! An some cake. Oh, an a big bowlie o pasta. An some – aw, jings! Whit's happenin tae me?"

That table wis made o the finest aik wuid, but suin it wis girnin an creakin unner the wecht o the food that wis placed on it. Erysichthon stertit wi a bucket o porridge. Syne he ett twa steaks. Efter that it wis three dizzen eggs in an omelette. Nixt he had fower hauf-coos, an as suin as he'd finished them he ett five haill coos. He polished aff six fields o tatties an seeven byres fou o neeps. Syne he chowed his wey throu eicht creels o herrin, nine flocks o sheep an ten haill warehooses o breid. His jaws ached, his thrapple wis reid-raw, an his teeth were worn doon tae the roots. But niver for an instant did he begin tae feel satisfied. Niver wis there even the briefest pause atween courses whan he needit tae rest. He *cudna* rest. He wis faimished.

An wi aw the tons o meat an veggies an mulk an breid an fush an fruit he stappit intae his wame, he niver felt even the wee-est bit fou. He niver pit on ony wecht, an the pangs o hunger in his wame jist got worse an worse. He cud hae grat wi rage an frustration but he didna hae time, he wis that thrang makkin shair mair food wis landin on his table.

Erysichthon wis a wealthy man, but it didna tak lang, wi him pittin aw this food awa, afore he wis haein tae sell his cheriot, his claes, his hoose, even his precious table an chairs, tae pey for his greed. At last he wis left wi naething but his ain dochter. Sae he sellt her as a slave an bocht himsel a meal at a taverna wi the siller.

Noo his dochter wisna pleased at bein sellt tae pey for her faither's greed. She gaed doon tae the sea an cried oot tae the gods that it wisna fair, an wid they no help her? The god o the oceans, Neptune, heard her an felt sorry for her. Jist as her new maister wis comin lookin for her, Neptune transformed her intae a young fusherman, sittin in his boat baitin his lines an reddin up tae gang oot tae sea.

"Haw, son, hae ye seen a young slave lassie onywhaur? I ken she cam doon here tae the shore, but there's nae sign o her. Did she come by here?"

Erysichthon's dochter realised that her prayer had been heard. She looked her maister in the face, an saw that he didna recognise her. "Oh," she said, "I can honestly say, there's been naebody but me here aw mornin. I hivna see ony lassies at aw."

The maister shrugged. "Ah, weel," he said, "thanks onywey. I hope ye hae a guid day's fushin." He shook his heid, an gaed awa the wey he'd come. An the lassie turned back intae hersel.

Ye'd think that whan Erysichthon fund oot aboot this miracle, he'd feel a wee bit o remorse. But he didna. He jist took advantage o it by sellin her ower an ower again tae different maisters, an she kept haein tae escape by chyngin intae anither person, or a dug or a bird. But this cudna gang on for iver. An in ony case, Erysichthon wis still stervin.

He began chowin at his ain fingers. Syne he bit a chunk aff his left airm. Nixt he took his aix an hacked aff a fit an ett that. In the end, Erysichthon, the man wi a moothfae o a name, did the maist self-indulgent thing onybody cud dae: he ett himsel.

ORPHEUS AN EURYDICE

E ence fin the musician Orpheus wis a loon, he cairted his lyre til the tap o the Apollo Braes abeen his fedder's ferm an began tae play the bonnie hert-brakkin music that wid cowp his heels in love an close his een in deeth aa in the ae short year.

Fae the hilltap abeen the fields far as a laddie he'd kickit a ba an helpit gaither in the hairst, his music sworled ower knowes an bens an moontain peaks an drapped doon inno the glens an clachans an touns o the Earth like a smirr o saft waarm rain.

The warld hid never heerd sic a bonnie sang. The gowans on the burnside an the cuddies in the haughs turned their heids tae listen. Linties high in the trees an whales in the ocean's deep watters aa chantit alang in harmony. Folk fell deef an dumb wi it. Greetin teenies dried their een. Soorocks turned sweet as sugarallie. Sodgers on the field o battle caad their enemies freens. The sun an the meen stapped for a blether an even the crabbit gods in the Heivens war aa couthie pals for a day.

Hyne awa fae the Apollo Braes, a beautiful lass caad Eurydice wis oot doddlin throu her rose gairden fin Orpheus's gentle liltin kittled her lugs. The quine couldna help hersel. It wis jeest the bonniest soond she hid ever heerd. Eurydice fell that minute heid ower taes in love wi it an mairched a hunder mile across ben an burn tae see fit kinna craitur could mak sic a music.

Fin she foond Orpheus wi his lyre at the tap o the brae, she kissed him on the mou an they war mairried the neist mornin.

Orpheus wis the gleddest man alive. The first moment his een met Eurydice's, his hert hid drapped like a steen inno a caald burn an then soared strecht up again til the lift as if on the wings o a gowden earn. He wis sae gleckit an happy wi her. She became the toun cross o his universe, his rock in every scuddrie scour o winter rain.

But no lang efter their waddin day, a coorse wee limmer o a snake slippit inno their hoose. Fin Eurydice wisna lookin, the snake chaad her on the queet o her leg an the venom sypit richt throu her bleed. The lassie Eurydice deed in her gweedman's airms an Orpheus could ainly gawk like a gowk as his young wife's sowl wis cairried awa doon tae the dour derkness o the Netherwarld.

Orpheus traachled back up the Apollo Braes wi his lyre. His hert hid been bleestered an, wi syvers o tears rollin doon his cheeks, Orpheus played the dreichest saddest melody ever heerd in the braid howe o the warld.

The mavies an chaffies in the treetaps couldna see for greetin. The fermyaird bubbly jocks pewled like windy bagpipes. The breets in the field blirted an bubbled an the ocean itsel sabbed like a bairnie. The gods in the Heivens war scunnered as weel. Takkin peety on Orpheus, they dinged open the yetts o the Netherwarld tae let him gyang in tae get his Eurydice back.

Hades, maister in the Lan o the Deid, wis seatit on his throne, croose as a cockerel on the tap o a midden, fin Orpheus stottit in.

"Fit are you deein here, loon?" The god waggled his bleck ee broos. "Fit are ye deein doon here in my Netherwarld fin ye ken fine ye're no deid?"

Orpheus's teeth war chitterin wi fear but he managed tae spikk wi a clear strang voice. "I hae come for my Eurydice."

"An fa's Eurydice fin she's at hame?"

"My wife. We are new mairried an I hae come tae tak her awa fae this caald palace o yours."

Hades lowped til his feet. His broos jined thegither until there wis jeest ae bleck line abeen his face. His een turned the colour o bleed an Orpheus thocht he could see rikk comin oot o Hades's lugs, as if somebody hid redd sticks for a fire an lit them inside Hades's angry mooth. The god snapped his fingirs. Instantly a clanjamfrie o bogles an warlocks wi nebs like neeps an hans like heuks gaithered roon the peer musician.

But Orpheus wis nae langer feart. He brocht oot his lyre an began tae play. As seen as he did, the bogles an warlocks sat doon on their doaks tae listen. A wheen o them fell asleep an stertit snocherin like breets while ithers danced a jig roon the room. Hades wis purpie wi rage. There wis that much rikk poorin aboot the place it wis hard wirk tellin if the aald soor face hid lugs or lums on the sides o his heid. But Persephone, Hades's wife, hid heerd the bonnie music an she pit a han on her gweedman's airm.

"Divna you dare herm this braa laddie," she said. "His music is sae saft an sweet it minds me o masel fin I wis a quine. Let the laddie tak his bride awa fae here."

"Ay, fine that," said Hades, no wantin tae gyang three roons wi his stoorie duster o a wife. "He can tak her oot but he must walk aheid o her aa the wey. If he turns roon tae keek at her afore they are clear o the Netherwarld, I will caa her back an he willna see his lass in the licht o the sun ever again."

Orpheus foond Eurydice amang the sea o unhappy sowls an, wi him aheid an her ahint, they began the lang tramp oot o the Netherwarld. Orpheus an Eurydice walkit for oors. Wi ilkie step the licht grew mair strang an the derkness less dour. But Orpheus wis yeukin tae turn roon. He wis feart somethin hid happened tae Eurydice. Mibbe she hid taen a fa. Mibbe she wis oot o pech. Mibbe she wisna even there. Jeest as they war at the edge o the Netherwarld, Orpheus couldna help hissel ony langer an, bein the gypet young loon that he wis, he turned aroon.

The sunsheen danced on Eurydice's face. Her bonnie een war fou o tears an her reid lips cairried a smile for her gweedman Orpheus. Then a thoosan orra bogles rushed up screamin an skraichin fae the Netherwarld an pugged her back doon furever intil the derkness o Hell.

The musician didna ken fit tae dee. As he raivelled ower the face o the Earth, his hert in his chist wis as jaggie as a thrissle.

Fin he came at last til the Apollo Braes, he spieled the hill an strummed his lyre withoot kennin far he wis or fit melody he played.

The music this time wis that eerie an strange the folk an breets o the warld became wud an hanless fae the soond. The kye in the byres gied the fermers nae mulk. The chooks laid nae eggs. The burns ran backarties an the seas swallaed ships like sweeties. Wars began far nae wars hid been afore an the gods in the Heivens focht like doitit dugs. Aa ower the warld weemen o ilkie age grew gyte fae the music an left their husbands tae cross the hills tae the Apollo Braes. There they foond Orpheus an grat an crooned for him tae come doon aff the hill.

"Fin will ye tak a new wife, Orpheus?" they howled. "Mairry me. Mairry me."

In their thoosans, the weemen o the warld rolled aboot the brae greetin an skraichin fae mornin til nicht but Orpheus jeest cairried on playin. He wis that sad fae lossin Eurydice he didna even ken they war there.

Fin Dionysus, the god o pleisure, saa the boorich o weemen an quines dancin dementit on the hill, he wis feemin. There war nae waddins in the warld ony mair. The lovers' loans an cornriggs war teem. Naebody wis cooryin or winchin. Aa the weemen war ower busy bein in love wi Orpheus sae Dionysus skailed ower aa the weemen's heids the smit o jealousy.

The faces o the quines that war sae saft an sappie een minute afore suddenly cheenged tae faces hard as steen an like an airmy they swarmed up the Apollo Braes. Wi coorse orra hans, they took a had o the young man they hid been sae recently smeekit in love wi an rived his body inno a thoosan peerie pieces.

They hurled his broken body in the burn that ran by his fedder's ferm an the burn brocht fit wis left o Orpheus an his lyre doon tae the sea. But even a year efter he wis gane, the gentle wind wis chantin Orpheus's sang, cairryin it roon an roon throu the glens an the wids o the warld, aye chantin the name o his love, Eurydice.

THE AIPPLE RACE

Atalanta wis the fastest rinner on Earth. Even Hermes – the postie o Moont Olympus, that cairried aw the gods' messages tae ane anither – even him, wi his fantoosh wingit sandals, cudna flee as fast as Atalanta.

"That lassie," said Hermes, peched oot efter ettlin tae ootrin her ae time, "can rin faster than an arra."

"Tell me aboot it," said Eros, luikin doon at Atalanta an shakkin his heid.

Noo, ye'll ken aboot Eros. He wis the son o Aphrodite, the goddess o luve, an ayewis humphed aboot a muckle bow an a wheen luve-arras that he'd shoot doon at mortals whaniver he felt like it. His arras didna hurt, but they fair caused some stushies, for whan ye were nippit by ane o Eros's dairts, ye cudna help yersel fae fawin heelstergowdie in luve wi the first person ye saw.

Atalanta had been scunnerin Eros for a lang time. The lassie jist wisna interestit in luve. Aw she thocht aboot wis rinnin.

"A man," thocht Atalanta, "wid jist slaw me doon. If there wis a man that cud rin as fast as me, I micht *think* aboot mairryin him. But," she shrugged, "there jist isna."

Eros had been dingin his fastest, maist sleekit arras at Atalanta for a haill year noo, but the lassie had joukit them aw. Whan Eros shot an arra fae ahint Atalanta, she ran ower fast for it tae catch her; if he shot it fae faur aheid, she wid lowp ower it, or dook tae the side.

Noo, aw thae arras that Eros had been dingin doon hadna jist fawn tae the groond, or flawn intae space. Eros's arras were

51

magic: they didna stap tae they stickit in somebody's airm, or leg, or dowp. Efter a haill year o Eros shootin at – an missin – Atalanta, mair nor three hunner laddies had been duntit by his arras as they dandered near Atalanta's trainin track. Ivery ane o them wis noo heids an heels in luve wi Atalanta. They sent her bunches o crocus an narcissus; but Atalanta wisna a flooer kind o lassie an jist flang them awa. Sae they sent her sleekit rinnin tunics, an saft sandals made by Nike, the goddess o Victory. But Atalanta wisna interestit. She preferred her auld, baggy tunic, an rinnin barefit. Forby, she wis sair scunnert wi aw these luve-seik suitors gawkin at her trainin aw the time.

Ae mornin she turned tae them aw an said: "Aw richt. I'll gie ye aw a fair shot. I will mairry the first man that can rin a race wi me – an win. But mind, if ye rin an lose . . . ye'll hae tae dee."

Ye'd think the chance o deein wid pit a lot o fowk aff. But no the puir, arra-stickit lads that were in luve wi Atalanta. Dizzens o them wantit tae rin, an dizzens endit up as denner for the forest wolfs. Suin, even the wolfs cudna keep up, an the line o peched-oot suitors waitin tae be eaten raxed faur ootwi the forest.

Meanwhile, Eros wisna giein up. Ae day, he waitit tae Atalanta had feenisht her mornin trainin an wis sittin doon tae eat her goat's cheese piece. He aimed at her a mega-muckle luve arra; it wis that big he cudna fit it in his bow an had tae fling it wi his twa hauns. *Wheech!* went Eros's arra, heidin strecht for Atalanta's hert. Atalanta didna even blenk. She heard the arra comin an jist pit up her haun – withoot stappin eatin her piece – an dinged it awa. The arra skitit aff an olive tree, an landed in a burn that cairried it strecht tae the taes o a lad that wis paiddlin nearby: Hippomenes. Feelin the nip at his taes, Hippomenes lowped oot the watter an luiked up, across the burn tae Atalanta.

Noo Atalanta wisna a bonnie sicht. She had been rinnin for three oors strecht, her tunic wis drookit wi sweit, her legs were smoored wi mud an her hair wis raivelt up wi bits o leaf an twig. But Hippomenes thocht she wis the bonniest thing he had iver seen. He follaed her as she jogged hame, in a dwam, wunnerin wha she cud be, an hoo suin he cud mairry her. But whan he cam tae the forest, an saw aw the ither luve-seik lads an heard their stories, he wis sair disjaskit.

"Eros is torturin me, by makkin me faw in luve wi a lassie I canna howp tae win," he sighed. "Aphrodite, goddess o luve, help me, I beg ye."

Hippomenes wis in luck. Aeolus, the god o the fower wunds, wis bored. It wis simmer an he cudna hae fun deavin fowk wi snell wunds like he did in winter. Forby, he cudna stick Eros, an wis ayewis luikin for weys tae get him intae trouble. Sae the wund god heezed up Hippomenes's sighs an cairried them gently, blawin them aw the wey tae Moont Olympus an strecht intae the lugs o Aphrodite.

Maist o the time, Aphrodite jist let her son get on wi his job. Aw richt, he made mistakes. That time an arra had duntit Narcissus while he wis keekin in the pool, sae the lad fell in luve wi himsel, had been fair embarrassin. An whan the neb o ane o Eros's arras had scartit her ain breist – jist as she'd been kissin him goodbye ae mornin – she had spent a haill simmer girnin an greetin efter a mortal cried Adonis. But Eros wis young yet. In anither million year or twa he'd get it richt, an syne his mither cud relax.

But whan Aphrodite heard Hippomenes's plea, an luiked doon at the bauchle Eros had made this time, she kent she had tae dae something.

"If ye want a thing daen," she sighed, "dae it *yersel*."

Sae Aphrodite stepped ontae her Invisible Clood an dandered doon tae Earth tae sort things oot. First, she stapped on Cyprus, her favourite island, whaur she kept a magic orchard. In the middle o this orchard wis a gowden aipple tree, its brainches hauden doon by glentin fruit. Aphrodite picked three gowden aipples – "Because," she thocht, "ye can niver trust a mortal tae get it richt first time."

Syne she flew tae Atalanta's forest, an parked her Invisible Clood richt afore Hippomenes.

As Aphrodite stepped doon fae her clood, Hippomenes saw a fit appear in the air. He blenked hard an shuik his heid; but the fit wis still there, an suin it growed an ankle, syne a haill leg an body. Hippomenes stood like a stookie, gawkin.

The goddess introduced hersel.

"Aphrodite. I believe you begged?"

Hippomenes cud scarce nod his heid.

"Aw richt then. These are magic luve aipples. Thraw ane afore Atalanta as she rins an it will distract her."

"But is that . . . no . . . cheatin?" stammert Hippomenes, still bumbazed.

Aphrodite glowered.

"Fine," she said, turnin back tae her clood. "I'll gie them tae anither lad that *really* luves Atalanta."

"Aw richt," blurtit oot Hippomenes, "I'll tak them. Whit wis I tae dae again?"

The nixt race wis set for first thing in the mornin, an Hippomenes had speired tae gae first. The lave o the luve-seik suitors were staundin aboot at the stert o the race, howpin Hippomenes wid lose an gie them a chance, as weel, tae be eaten. The forest wolfs watched, tae, slaverin at the meal tae come. In the guid seats, up on Moont Olympus, Aphrodite sat doon tae watch her plan unfauld.

Atalanta keeked at Hippomenes as she wis warmin up. He wisna bad-luikin; it wis awmaist a peety she wis gaun tae gub him in the race. An that poke o fruit he wis cairryin wis shair tae slaw him doon even mair.

They set aff. Atalanta had set the course throu the roughest pairts o the forest. She led Hippomenes throu mirky burns fou o sherp stanes, an alang stoorie moontain paths, lowpin ower boulders an dookin unner tree brainches. At first, Hippomenes cudna see Atalanta at aw, an wis jist follaein the soond o her rinnin feet. But as suin as they cam tae a bit open groond, he howked oot an aipple an rowed it alang the path, sae it stapped jist aheid o the gleg-fittit lassie.

Atalanta wis dumfoonert. Normally naething cud stap her whan she wis rinnin. But the aipple wis fou o Aphrodite's pooer an sooked Atalanta's gaze towards it. She tuik a keek backarts an, happy that Hippomenes wis faur ahint, she stapped tae pick up the magic fruit. Hippomenes catchit up, but cudna pass her, an suin Atalanta wis faur aheid again. A saicont time, Hippomenes threw doon an aipple, an again Atalanta slawed up tae retrieve it – but no for lang.

By noo, Aphrodite was gettin impatient, an whispered intae Hippomenes's lug, "Dinna waste this ane, mortal! Thraw it tae the side, *faurer awa*."

Sae Hippomenes skiffed the third aipple awa tae Atalanta's richt side, aff the path. But this time Atalanta wis ontae him.

"I'm no fawin for that aipple trick again," she thocht, ettlin tae turn her een fae its bonnie glentin.

"I maun *focus*," repeatit Atalanta ower an ower tae hersel.

"Ye maun *luve*," whispered Aphrodite, as mony times, intae Atalanta's lugs.

The pooer o Aphrodite's third aipple wis ower strang. Even Atalanta, the strangest lassie on Earth, cudna thole it. Ivery muscle in her body wis pouin her towards the aipple. She cudna stap her legs fae cairryin her towards it; or her airm fae raxin doon tae pick it up; or her fingers fae closin roond the gowden globe an haudin it tae her cheek tae feel its caller skin. Whan Atalanta liftit her heid again, she saw Hippomenes wheechin past her. But this time, the byordinar thing wis, Atalanta wisna fashed. Altho she kent she cud easy hae lowped up again an owertakken Hippomenes, Atalanta didna want tae. Insteid, she jist dandered alang tae the feenishin line – an let Hippomenes win. For Aphrodite's aipple had worked its magic. Atalanta had fawn in luve wi Hippomenes, an wis fair luikin forrart tae trainin him up as a rinnin pairtner.

Aw this, ye'd hae thocht, wid hae made for a happy endin. An it wid hae, if Hippomenes hadna been sae glaikit. He forgot the first rule o hoo tae be a happy mortal: if a goddess dis ye a favour, ye maun thank her. Naething fancy: jist an offerin or twa, a couple sonsie sheep or goats, a nice big jaur o wine. Efter the race, Aphrodite wis waitin by her temple, tae see whit gifts Hippomenes wid bring her. But the daft gowk jist walked strecht past the temple. He didna even bow his heid. The goddess wis bilin. She tuik a deep braith, an turned Hippomenes intae the first thing she thocht o – which wis a lion. Atalanta cudna believe it. She felt like greetin. The ainly laddie she had iver fawn in luve wi had jist stapped bein human. But Aphrodite cudna ignore a luve-seik lassie, sae she turned Atalanta intae a lioness.

Mind, the life o a lioness isna easy. Hippomenes got tae lee aboot aw day while Atalanta did aw the huntin an humphed the carcasses o meat back for their tea. But noo Atalanta cud rin faster an faurer than iver afore; an ivery day Hippomenes watched her rax her tawny limbs an set aff for her mornin rin, the wund dirlin throu the hairs o her sleekit heid an back, an her tail raxin oot faur ahint her.

THE TWELVE TRAUCHLES
O HERACLES

Zeus, high-heid-yin ae the gods an heid-bummer ae the universe, had a son an he cawed this son Heracles.

Heracles wis strang as a buhl. He wis built like a hoose-end an had erms like a boxer an legs like cabers. Heracles wis feart at naebody, except his step-maw Hera.

Hera wisna intae Heracles at aw. She had a son ae her ain, Eurystheus, an it sickened her chicken that Zeus spent aw his time wi Heracles an didna care a jeelie piece for her wee wean. An so she plotted tae malkie him. She waantit Heracles deid.

Wan night, when Heracles wis aboot seeven month auld, Hera pit twaw lang hissin snakes intae his bedroom. The wean, when he saw the deidly vipers joukin their heids an jaggin their tongues at him, thought it wis a gemm. Takin a haud ae them by the throat Heracles, laughin an sleverin like the wean that he wis, thrappled the braith right oot ae the snakes an flung their bums oot the windae. This fair ripped Hera's knittin an she hatit Heracles even merr.

Zeus fund Heracles the brawest teachers. These clever dominies learned him the best wey how tae banjo his opponents in a fecht an tae fire an arra throu the err an tae ride a cuddie intae battle. But as weel as learnin him how tae chib his enemies, they taught Heracles tae read an write in a hunner different languages an tae chant poetry an tae be a maister ae aw things musical. So when he left the schuil, he could dae jist aboot anythin. His final report caird simply said: '*Heracles*: pure dead brilliant.'

Oot in the warld, he gote a lumber wi a lass cawed Megara an suin they were merried wi a hoose fou ae weans. Aw day Heracles went aboot the countryside daein whit he wis boarn tae dae. In the mornins he sortit oot crabbit lions by tyin their legs an erms up in knots. An in the efternuins he chased aff the king's enemies by giein them a jeelie-lip so that they aw ran awaw tae hide unner their mammies' peenies. An at night he wid come hame tae his wife an weans for his tea ae spinach an stovies.

Everybody thought he wis gallus.

"See that Heracles," folk wid say. "He's pure magic, so he is."

"Gaun yirsel, big Heracles," they chanted when he walked past. "Stick the nut on thae lions. Git tore intae thae enemies. You are ra champion!"

The goddess Hera, when she heard aw this, wis bealin wi anger. Everybody loved Heracles while her ain son Eurystheus jist gied them the dry boak. It wisnae fair. "That Heracles is really nippin ma biscuits. Ah'm gonnae pit the hems on that yin."

Noo Heracles wis a muckle big man. He could cairry a tiger unner each oxter an gie a haill ermy ae sodgers a keeker wi wan skelp ae his massive haun but he wis aye cannie an gentle wi his wife Megara an the weans. He loved them aw an wid dae anythin tae keep them oot ae herm's road.

But yin day Hera pit the evil eye on Heracles. She cast a spell that made his heid bile up wi rage an it drove him roon the bend. The big man went reelin throu the hoose like a mad berr spittin an skelpin at everythin that gote in his wey. When he calmed doon, he saw Megara his wife an aw their wee weans lyin deid on the flerr. Heracles had killed his ain faimly.

Wi his heid hingin in shame, he went tae Zeus, chief ae aw the gods, an Zeus's face wis as haurd as stane.

"You scunner ma thunner, Heracles, so ye dae. It maks me ill jist lookin at ye. So help me, ah should strike ye doon wherr ye staun, but ah'll no. Insteid ah'm gonnae gie ye a fate worse than daith.

"Git you tae the kingdom ae yir step-brither, Eurystheus, an be his slave. Dae everythin he tells ye. Mibbe ye can mak up for whit ye've done here. But ah doot it."

Then Zeus turned his face awaw an Heracles wi a heavy hert tramped ower the braes an glens intae the kingdom ae Eurystheus.

THE TWELVE TRAUCHLES

King Eurystheus wis a right keekie-mammy ae a king. When his mither, the goddess Hera, wis doon on Earth, Eurystheus wid strut an stare aboot his palace wi his chist puffed up like a bubbly jock in a fermyaird. But when his maw wisna aroon, the bold hero wis merr like a bubbly bairn, wi shooglie knees, feart ae the wund an his ain shadda.

It wis tae this peeliewallie skinnymalink that Heracles had tae bou his heid an be a servant.

At first Eurystheus didna know whit tae dae wi him.

"Waash ma windaes," Eurystheus ordered an Heracles waashed doon the palace windaes.

"Go ma messages," Eurystheus demandit an Heracles went tae the shops for the palace messages.

"Clean oot the royal chanty," roared the king an Heracles mopped oot the king's toilet.

"This boay'll dae anythin," thought Eurystheus tae himsel. "Whit a tube." An a sleekit plan came intae the king's heid. "If ah play ma cairds right here, ah could git rid ae this big numpty Heracles wance an for aw."

So he tellt Heracles tae come tae the Big Haw.

"Heracles, ma guid man," said the King. "Dae ye know whit a trauchle is?"

"Nut," said Heracles.

"A trauchle is when ye've gote tae dae somethin but it's no easy an it ends up daein yir napper in. That's whit a trauchle is, big yin. An see you, well, ah'm gonnae gie ye twelve ae them.

Twelve trauchles. If ye dae them, ah'll lowse ye fae ma service an ye can shoot the craw awaw hame. But you're gaun naewherr until ye've done them."

"Ach, it's a dawdle," said Heracles, tryin tae wind the king up. He didna like the guff ae him awready.

"Yir first trauchle is tae bring me the Lion o Nemea."

"Whit?" cried Heracles. "The Lion o Nemea? Naebody can kill that yin. Arras skite aff him. Swords jist tickle his belly. Ye're sendin me tae certain daith."

"Awaw ye go," Eurystheus ordered, secretly hopin that Heracles widna come hame.

Trauchle Wan
THE LION O NEMEA

Heracles set oot across the heather tae find the Lion o Nemea. He wisna feart at lions. Wance he fought three ae them in the wan day, pit them aw in a poke an cairried them hame ower his shooder. Lions wis nae bather tae Heracles but the Lion o Nemea wisna like ither lions.

This beast had been chawin on the banes ae Eurystheus's people for years. It wid stot intae a toun an scoff awbody that gote in its road. Folk said it wis as big as hoose an had claws like the dirks in a kiltie's soack. When Heracles tellt people he wis lookin for the Nemean Lion, their coupons turned peeliewallie wi fear.

"You're aff yir heid, pal," they tellt him. "You're no wise. That Lion o Nemea's mental, so it is. We widna go near thon for aw the tawties on Moont Olympus."

"Bunch ae fearties," Heracles muttered an began tae scoor the countryside, liftin up trees an muckle rocks tae see if the beast wis hidin in unner them. At lang last Heracles stummled ower a trail ae massive fitprints.

The fitprints led tae a cave in the side ae a brae. The err roon this cave wis stinkin. It reeked ae a thoosan middens an a million cludgies. "That's pure mingin," said Heracles, haudin his neb.

The lion wis asleep. Its snorin wis as loud as the rummlin ocean an it must hae had a cauld because every twaw seconds a spew ae slimy green slevers came fleein oot in a shower, coverin Heracles fae tap tae taes in leonine snochters. "Aw, that's even merr pure mingin."

An then Heracles saw on the grund ootside the mooth ae the cave a pile ae white banes – the banes ae aw the men that had trevelled here tae kill the lion but hadna come hame.

"Come on, Lion, well," Heracles shouted, angry noo. "Get oot ae yir scratcher."

Wi a muckle growl an a crabbit roar, the Lion o Nemea appeared.

He wis a monster. As big as a tenement an as braid as a kirk door, the lion's massive shooders were hotchin wi muscle. His een were blazed yella wi fury an his teeth were ridd wi dried bluid. He glowered doon at Heracles as if he wis gonnae pit him in a piece an eat him for his tea.

Heracles gote tore in first. He flung his spear at the lion but the spear jist boonced aff. He stobbed it wi his sword but the blade couldna jag throu the lion's thick skin. He flung stanes but the muckle cat jist swallaed them like they were sweeties.

"Awright, big yin," Heracles said. "Ah'll suin sort ye oot." An he took his trusty chib, a big wuiden club he aye cairried wi him, an wi aw his strength wannered the beast in the heid.

Waallop! The Lion o Nemea wis seein sparras for aboot five minutes.

While it wis stottin aboot, Heracles gied the beast anither dab wi the wuiden club an stertit a fecht that rummled on aw that night an aw the next day until finally Heracles gote his hauns roon the lion's throat an thrappled the muckle animal tae daith.

Heracles cairried the lion back tae the palace ae Eurystheus an flung it on the flerr at the king's fit.

"Mammy-Daddy," cried Eurystheus, feart at the sight ae the deid lion. The king ran aboot the room in panic an, findin a big ginger bottle in the corner, lowped intae it.

"For yir second trauchle," said the voice fae inside the bottle, "git you tae the Argos peat-bogs an dinna come hame until ye've killed the Hydra."

Trauchle Twaw
THE HYDRA

The Hydra wis a right hackit horror ae a beast. It had the boady ae a dug an nine snake heids growin oot ae its shooders. It steyed doon in the clatty swamps ae Argos preyin on lanely trevellers an sookin the bluid oot ae their boadies. Heracles knew he wid need help so he took his nephew, the braw Iolaus, wi him.

Iolaus an Heracles rode thegither tae Argos an tracked the monster doon tae its lair. The Hydra wis naewherr tae be seen so Heracles fired a volley ae burnin arras right intae the monster's hame. Immediately the Hydra come chairgin oot, bealin wi rage. It stood right up on its dug's legs towerin abuin Heracles an Iolaus while its nine heids hissed an glowered an grogged poison doon on the warriors' faces. It wis a boggin creature wi wan muckle scaly boady, eighteen evil een an foostie braith an slevers comin oot its nine mooths. Young Iolaus felt seik jist lookin at it.

But Heracles had a strang stomach. The hackit Hydra didna bother him. Feart at nothin an birlin his sword in the err, he ran ower the swampy grund straight at the snake-heidit monster an chapped aff yin ae the nine snakes. It fell ontae the flerr wi a dunt an Heracles chapped it in hauf tae mak shair it wis deid.

"Wan doon, eight tae go," he said but when he looked up Heracles couldna believe his een. A new snake wis growin oot ae the monster's boady back in place ae the yin he'd cut aff an efter twaw seconds the Hydra had aw nine hackit hissin heids.

"Whit?" cried Heracles. Angry, he chairged again, wheechin aff twa snake heids this time. Iolaus an he watched wi open mooths as they grew back as weel.

"In the name ae the wee man," said Heracles. "How are we gonnae malkie this brute?"

Then an idea popped intae his napper.

"Quick, Iolaus, terr a brainch affa that tree ower there. Set it on fire an bring it tae me."

Wi the bleezin brainch in his haun, Heracles breenged at the Hydra an hacked yin ae its heids aff. He jagged the daud ae burnin wuid ontae the beast's neck, burnin it tae stap a new snake heid fae growin back. Aw efternuin, chappin wi their swords an jaggin wi the bleezin torch, Heracles an Iolaus focht the monster an when aw its heids were aff, the Hydra lay deid on the wet grund ae the Argos swamps.

Heracles cairtit the beast back tae the palace. When Eurystheus saw the thing, he lowped straight back intae his ginger bottle.

"Think ye're clever, eh? Well, ye're no," said the voice tremmlin in the bottle. Heracles waantit tae tell the king wherr tae go but he held his wheesht.

Trauchle Three
THE CERYNITIAN HART

"Right," said Eurystheus when he'd climbed oot ae the ginger bottle an wis settin back on his throne in a royal goon that wis three sizes ower big for him. "Looks like ye've gote nae problem wannerin monsters, Heracles. So ah'm gonnae try ye wi somethin a wee bit merr difficult.

"For yir third trauchle ye've tae bring me the Cerynitian Hart. The Hart is a stag wi gowden antlers that belangs the goddess Artemis. Ye canna herm it in any wey. Nae chibs. Nae arras. Bring it back tae me unmalkied or Artemis will hae yir guts for garters."

Heracles knew this wis gonnae be fykie. The Cerynitian Hart wis the gleggest stag in the warld. It could jink ower moontains in wan jump an lowp the sea atween islands. The goddess Artemis looked efter the stag. Anybody glaikit enough tae shoot an arra at it wid get their heid in their hauns an their teeth tae play wi.

Heracles gote his first swatch ae the stag wi the gowden antlers in Spring an it took him tae the next Spring tae catch up wi it. Nae matter how fast he ran, the stag wis ayewis faster.

At lang last, when he'd worn oot twinty perrs ae gutties, Heracles woke up wan mornin tae see the Cerynitian Hart staunin no ten fit awaw fae him at the side ae a burn.

Heracles steyed still as a stookie. The stag wis busy guzzlin doon the clear sweet watter an didna know he wis there. Heracles had tae think quick. It might be anither year afore he gote this close tae it again. But if he tried tae tippytae up ahint the animal or hurl a net ower it, the stag wis that gleg an fast it wid be awaw in the blinkin ae an ee. The ainly thing in the warld faster than the stag wis an arra. Heracles had nae choice.

Awfie cannie, Heracles streetched his bow an fired an arra atween the saft flesh an banes ae the Hart's forelegs. The stag cowped ower ontae the grund unable tae budge but completely unhermed. Heracles tied a rope roon the animal's legs an gently poued the arra oot sae it didna hurt the stag.

"Heh, heid-the-baw! Whit dae you think ye're daein?"

Heracles turned roon an saw Artemis ahint him, steam comin oot her goddess lugs.

"Whaw said you could huckle ma stag?" roared Artemis an shote an arra ae her ain at Heracles. He jouked oot the wey. The arra went fleein past an scudded intae a tree.

"Haud on," said Heracles. "Keep the heid, will ye?"

He wisna feart but there wis nothin he could dae against a goddess. He had tae gie her some patter pronto itherwise he wis gonnae get chibbed.

"Yir staggie's no hurt. Ah jist need tae tak him hame tae King Eurystheus. Then ah'll lowse him again. King Eurystheus needs me tae dae twelve trauchles an this is wan ae them. Gonnae gie's a len ae yir stag?"

"Whit dis Eurystheus want the Cerynitian Hart for?"

"The goddess Hera made me kill ma ain faimly an as a punishment ah hae tae dae whit Eurystheus tells me. He thinks up these glaikit tasks hopin ah'll get malkied while ah'm daein them. He jist waants tae see that ah gote the Hart. Then ah'll bring him back. Can ah no get a shote ae him, please?"

"Ay, gaun. Tak him," Artemis relented. "But if ye brek ma stag, ah'll fire arras at ye for a week an turn ye intae a peen cushion."

Heracles papped the stag wi the gowden antlers on his massive shooders an hurried back tae Eurystheus's palace.

The King didna lowp intae the ginger bottle but he had a greetin face on him anywey.

"Took yir time but, didn't ye?" the king girned. "Whit were ye daein? Playin hide an seek wi the puir wee thing?"

Heracles didna answer. He wid love tae gie Eurystheus a belt in the lug but he knew he couldna.

Trauchle Four
THE ERYMANTHIAN BOAR

"Right, slave. For yir fourth trauchle, ah'll mak it even harder on ye. There's a mad mental boar in Arcadia that's been blooterin the ferms an the touns. Be a guid lad an run ower there an sort it oot, wid ye?"

"Dae ye want this boar deid or alive?"

"Whit's easier for you, mighty Heracles?"

"Deid."

"Then bring it hame tae me alive."

In a bleck mood, Heracles set oot the next day. The Erymanthian Boar steyed on a moontain an every noo an then it came doon fae the hills an went on the randan throu the villages ae Arcadia. Everybody in that country wis tremmlin in their troosers at it.

As he approached the moontain, Heracles passed throu a toun. He could see that the boar had peyed a visit there no aw that lang ago. The kirk wis cowped. The windaes were panned. There wis nae roofs left on any ae the hooses an the beast had knocked the bunnets aff aw the auld men's heids.

That boar's no shy, thought Heracles an hurried ower tae the moontain. Efter huntin for five days, he fund the boar's tracks an follaed the fitprints until he caught up wi the boar itsel.

Whit a heefin great thing it wis. It had an elephant-size bahookie an its tusks were lang an sherp like spears. Heracles knew he wid hae nae chance against it on the lower braes ae the hill. The grund wis too haurd. The boar wid jist need tae kick its muckle strang hoofs an brek oot ae Heracles's net, nae bother.

Sae insteid he creepit up ahint the beast an sooked in a lang deep braith ae err. Then, wi aw his might, Heracles let oot a loud lug-rattlin roar that shoogled the sun an the muin an the wallie-teeth ae the gods in the Heivens. The boar gote the biggest fright ae its puff, jumped fufty fit in the err an tore aff up the moontain. Roarin an shoutin, Heracles chased efter it. Up an up the steep brae the pair ae them chairged. They went sae high that snaw stertit tae faw. The snaw gote heavier an heavier an the boar breenged slower an slower until it couldna run any mair. At lang last it cowped intae a heap in a snawdrift. Heracles flung the net ower the beast an cairried the Erymanthian Boar back tae Eurystheus.

Wance in the palace, he wis temptit tae let it oot ae the net tae gie the king a real fright but he didna. Eurystheus wis in his ginger bottle anywey. He wis that feart he widna come oot until later that night. He even took his tea in there wi him.

Trauchle Five
THE AUGEAN STABLES

"Heracles. Ah canna believe ye did that last trauchle sae quick. I think ye're up tae somethin. This next yin's really gonnae test ye tho.

"For yir fifth trauchle, go tae King Augeas an clean oot his stables. They're a bunch ae clarty middens ower at his place an thae stables hivna been cleaned for a hunner years. An you, ma braw wee Heracles, have tae dae it in wan day."

"Wan day?"

"Ay, wan day. Noo git gaun."

Afore dawn the next day, Heracles gaed ower tae the palace ae King Augeas an saw for hissel the stables fou ae cuddie drappins. The king's cuddies could haurdly move it wis that bad. An the guff wis that mingin it wid pit a skunk aff its denner. He wid never be able tae cairry aw that awaw. It wid tak him years an he had tae hae it done that night afore gloamin.

No faur fae the stables wis a big burn. It had been rainin for weeks in that land so the burn wis a breengin torrent. Heracles scratched his napper. Mibbe he had an idea.

Wi a shovel in wan haun an a pick in the ither, Heracles dug a deep shuch fae the burn tae the stables. He built a dam heid at the tap ae the stables an let the burn watter gaither until it wis aboot burstin the banks ae the shuch. Then when aw the cuddies were safely oot he broke the dam wi wan skelp ae his muckle fist an sent the burn breengin right intae the stables. The rammy ae watter skooshed throu wan end ae the buildin an oot the ither, syndin oot aw the clart an cairryin it doon tae the sea.

In wan day, Heracles had redd oot the stables. They were bonnie an clean an reeked ae bleach an carbolic soap. By evenin he had chynged back the course ae the burn. King Augeas couldna believe it. "Guid lad," he said. "Thae stables were really hootchin."

Heracles said cheerio tae Augeas an daunered back tae Eurystheus's palace.

Trauchle Six
THE STYMPHALIAN CRAWS

King Eurystheus's face wis trippin him when he gote back. Nae chynge there, thought Heracles. Eurystheus's face wis ayewis trippin him.

"Ye pauchled me this time, ya chancer. But ye'll no pauchle me again. For yir sixth trauchle, go tae Loch Stymphalus in Arcadia. There are craws there that have done awaw wi hunners ae trevellers. They are the maist dangerous creatures in that land."

"Och, ah've awready been tae Arcadia. Could ye no have gote me tae huckle the boar an these craws in a wan-ner?"

"Ah'll wanner you. Noo nane ae yir cheek, slave. Awaw ye go."

Heracles growled unner his braith. This Eurystheus wis really stertin tae bile his ile. He wisna an impatient man but havin tae listen tae Eurystheus's patter wis daein his nut in. But whit else could he dae? He had tae feenish these trauchles or his faither, Zeus, wid go pure daft. So the next mornin Heracles set oot wance again for Arcadia.

On the wey there, he fund oot merr aboot these craws. Folk cried them the Stymphalian Craws. They were thrawn-lookin birds wi bress feathers an beaks as haurd as steel. If they caught somebody trevellin on their ain, they wid peck oot his een. If they caught any wee weans that had gote lost in the wuid, the Stymphalian Craws wid cairry them aff an feed them tae their young.

At lang last Heracles came tae Loch Stymphalus. It wis mair ae a bog than a loch. The Craws steyed on the island in the middle an he could see them cheepin an chantin an chawin at each ither wi razor-sherp beaks on the brainches ae trees. Heracles dived intae the loch an stertit tae soom across tae the island. But he didna get very faur. The muddy watter wis as thick as tawtie soup. It sooked him doon tae the bottom an he had tae scrammle oot quick afore he drooned.

68

So he fund a boat planked in the lang gress an he pushed it oot ontae the loch. He rowed an rowed wi his big erms but he didna get faur in that either. The mud sooked an slevered at the boat an it gote stumoured in the clatty watter as weel. Heracles had tae lea it there an strauchle back tae the shore by hissel.

Heracles couldna work oot how tae cross the loch. He gote doon on his knees an prayed tae the goddess Athena.

"Haw, Goddess. Gonnae gie's a haun."

Athena admired the gallus warrior an she wis ayewis gled tae help him oot. She appeared at his shooder an spoke in a saft sonsie voice.

"Tak *thaim*, Heracles," she said giein him a perr ae castanets. "Rattle them at the craws an ye'll dae awright."

Heracles climbed tae the tap ae a moontain owerlookin the loch an gied it pure laldie wi the castanets. Whit a rammy he made. Heracles's lugs were dirlin. Aw the ither animals ran oot ae the wuids. An the craws didna like it either. Greetin an skirlin, they flew up intae the err.

Heracles fired yin ae his arras an it went fleein skelp throu the hert ae a craw. The craw tummled intae the loch wi a squelch. The ither craws saw this an came fleein at Heracles like a byke ae angry bees. Thoosans appeared like a thunner clood in the sky abuin his heid. They scarted his face an nipped his lugs an ripped his claes. Heracles had tae fecht like a deil tae see them aff. It wis a lang battle but eventually the Stymphalian Craws lay on the grund, each wi an arra throu its hert.

Then when Heracles had shote aw the Craws, he shote the craw awaw hame.

Trauchle Seeven
THE CRETAN BUHL

"For yir seeventh trauchle, git you tae Crete. There ye'll finn a muckle white fire-pechin buhl. It's oot ae control. King Minos disna know whit tae dae wi it. It's pure panic ower there. The buhl's chairgin aboot, flingin folk up in the err an knockin doon aw the buildins. Capture it an huckle it back here alive."

The trauchles were gettin merr an merr dangerous. But Eurystheus wis as thick as a daud ae wuid so he couldna be comin up wi them on his ain. His maw Hera, thought Heracles, must be helpin him. But the brave warrior couldna complain. He still had six ae them tae dae.

He went doon tae the port the next mornin an fund a ship an crew that wisna feart tae sail wi him tae Crete tae wrestle the buhl. The sea voyage wis a lang yin wi gurlie seas an strang wunds blawin them aw ower the place but at lang last they saw the muckle cliffs ae the island.

King Minos wis a big cheery man wi ridd cheeks. He came tae met Heracles aff the boat. "Awright, big Heracles, how ye gettin on an that, know? Whit's the hampden roar, well? Whit brings ye ower here tae this neck ae the wuids?"

"Ah've come for the buhl."

"Whit? The mad mental buhl ae Crete? Ye'll hae tae watch yirsel there then."

"How?"

"He's gaun daft again. Awaw oot on the randan. Tramplin puir folk intae the grund an cowpin aw the lums an chanty pos. No real, ah'm tellin ye. Ah'm awaw tae hide unner ma bed masel. Guid luck tae ye."

The next day Heracles stertit his search for the buhl. He fund the buhl no faur fae the city gate. It wis bangin its heid aff the city waw. Heracles had never seen a buhl like this yin. It wis jist aboot as high as the waw itsel an it wis pechin fire oot its nostrils. When it saw Heracles, the buhl stamped its fit an the haill island ae Crete shoogled fae the force ae it.

But Heracles wisna scared. "Come on then, buhl," he shoutit. "Let's see whit ye've gote."

Spairks an steam came snocherin fae its neb as the creature pit its heid doon an chairged. Heracles watched the buhl thunner towards him. The grund boonced up an doon unner the batter ae fitsteps. The sky seemed aboot ready tae cave in as the mighty buhl approached as unstappable as a tidal wave.

Heracles waitit until it wis twaw feet fae him an then jouked oot ae the road.

The buhl went by him wi a surprised keek in his ee, cairried on throu the city waw an stottit its heid aff a big kirk in the middle ae toun wi a clatter that brocht maist ae the city doon on tap ae him.

Heracles then lowped ontae the beast's back. It shauchled its shooders but Heracles held on tight. It breenged roon every neuk an cranny ae Crete tryin tae fling Heracles aff. It ran intae glens, boltit throu burns, skited roon the cliffs an rammied its wey throu folks' ferms an hooses but Heracles didna wance lowse his grup.

It took a week but at last the buhl wis puggled an gied in. Heracles sliddered aff its back an dragged the brute doon tae his ship. Wi the buhl safely fankled up in chynes on the deck, he set sail for hame.

When he presentit the buhl tae Eurystheus, the king sneered. "Disna look aw that fierce tae me," he said. "Whit dae ye dae when ye go oot on these trauchles? Ah think ye sit on yir dowper maist ae the time readin the Fun Sections ae the Sunday Parchments."

That wis it. Heracles lost the tawtie. He gied the Cretan buhl a guid skelp on the bahookie wi the flat en ae his sword an the buhl went birlin throu the palace. Wi a skraik Eurystheus lowped intae his ginger bottle an didna come oot again for a fortnight.

Trauchle Eight
THE CUDDIES O DIOMEDES

The instructions for the next trauchle had tae be tellt tae Heracles by messenger because Eurystheus still had his heid in the bottle.

"For yir next trauchle," announced the messenger, "King

Eurystheus wid like ye for tae visit King Diomedes. You are tae ask him politely tae gie ye his famous cuddies an bring them hame. End ae message."

Heracles had heard aboot King Diomedes an he didna trust him. Folk said he wis a bit ae a wide-o so Heracles took alang four extra sodgers on his ship jist in case the king turned sleekit on him.

"Heracles, ma best freen in the haill warld. How's tricks?" said Diomedes when Heracles arrived. "We're jist haein a wee pairty the noo. Come on an jine us."

They aw sat doon at a lang table in the palace courtyaird. The cuddies that Heracles wis sent tae collect were in the courtyaird as weel. They were lang bleck beasts wi strang white teeth. The cuddies seemed tae be chawin an crunchin on somethin.

"Whit are they eatin?" Heracles speired Diomedes.

"Ma last guests," replied Diomedes. "They didna behave theirsels. Left their rooms in a right midden an drank aw ma ginger. So ah fed them tae the cuddies."

"Oh ay, an when dae we become cuddie food?"

"Dinna worry, son. Ah know *you'll* behave yirsels. Ye hae nothin tae fear. Noo whit wis it ye wantit tae ask me?"

Heracles didna want tae let on he'd come for the king's horses. "We can talk aboot it the morra, King, efter me an ma men have had some sleep. We're cream-crackered frae oor voyage."

"Ay, right enough, big yin. Ma hoose is your hoose. Mak yirsels at hame."

Sae efter their supper Heracles an his sodgers went tae their rooms but they didna close their een.

"Dinna crash oot, boys. This Diomedes is up tae nae guid. He's as sleekit as a snake in a bucket ae baby-ile. Ah think he's gonnae try an serve us up tae thae killer cuddies." Heracles grabbed his sword. "Come on, we're offski."

So they climbed oot the windae, dreeped doon the palace waws an tiptaed intae the King's stables. The cuddies were there, big an strang, snortin an pechin like demons. Heracles's men dragged them oot the stables but on the wey doon tae the ship wan ae the cuddies reared its heid an screamed a loud lang equine scream, cowpin the calm ae the quiet night err.

"Keep that cuddie's geggie shut," hissed Heracles but it wis ower late. Wi their swords oot, Diomedes an his men were awready pilin doon the brae an they were ridd-hote an ragin.

"Gie me back ma cuddies, ya bampot," shoutit Diomedes.

"Nae chance," Heracles yelled. "Awaw an raffle yirsel."

"That's it, Heracles," roared the king. "You're claimed."

An a big rammy stertit.

The sodgers on baith sides chairged in giein it plenty wi the glesga kiss an the scotstoun skelp an the famous dennistoun dunt an the odd baurheid blooter.

Heracles tellt his bravest man, Abderus, tae tak the cuddies doon tae the ship an then gote tore in hissel.

Efter an oor ae battlin, Diomedes an aw his guairds were lyin on the grund pan-breid. Up tae hi-doh wi their victory, Heracles an his men stottit back doon tae the ship chantin an shoutin: "Champion-eys, Champion-eys, Are we, Are we, Are we, Champion . . ."

But they aw stapped their chantin when they reached the boat. The bleck cuddies were chawin on whit wis left ae their comrade, Abderus. The beasts had killed an scoffed him durin the battle. Heracles, chokkin wi anger, fed King Diomedes's deid boady tae the cuddies an they snaffled him up tae.

Trauchle Nine
HIPPOLYTA'S BELT

Eurystheus as usual wis camped oot in his ginger bottle when Heracles won hame. "Tak thae cuddies oot ae ma road. Ye've gote merr important things tae dae. Ma wee dochter has gote her wee hert set on the belt belangin Queen Hippolyta. Awaw an bring it back for her, slave."

When Heracles tellt his crew he wis trevellin tae the land ae the Amazons, they aw went daft an begged tae go wi him.

"Tak me wi ye, big Heracles," said wan ae them, doon on his knees. "Thae Amazons is gorgeous."

"Ay," said anither, sleverin at the mooth. "They're aw stoatters. Ah might get a winch wi wan ae them. Gonnae tak me, tae?"

The Amazons were a race ae gallus women warriors that lived faur awaw on the shores ae the Bleck Sea. Awbody had heard hunners ae things aboot them but naebody had ever seen them. Even tho the voyage wid be awfie dangerous, Heracles had nae bather gettin haud ae a crew tae help him wi this trauchle.

When they reached the land ae the Amazons at the ither side ae the Bleck Sea, Heracles warned his men tae erm theirsels for battle.

The Amazons came doon tae meet the ship but, insteid ae attackin, the tall strang bonnie women brocht flooers an kissed the men on baith cheeks.

"Yous are aw welcome here," cried the tallest bonniest woman ae the lot. This wis Queen Hippolyta an the belt roon her hurdies glistered wi silver an gowd. "Come up tae ma palace for a daud ae breid an some skoosh."

Erm an erm wi the women, Heracles an his men daunered up tae the palace an sat doon on big saft pillaes an ate an drank until they were boakin.

"Ah've come fae the kingdom ae Eurystheus tae ask for yir belt, Queen Hippolyta. Eurystheus wants it for his wee lassie."

"Ye've come for ma belt?" The Queen stood up an pit her hauns on her hurdies. No shair whit wid happen next, Heracles clapped his haun tae his sword. Instantly aw the Amazon warriors had their cauld blades pressed against the sailors' craigies, ready an waitin for the nod fae the Queen tae wheech open the men's throats.

"Tak it easy, girls. Heracles is oor freen," said Queen Hippolyta, smilin. "Ah've heard aboot yir trauchles, Heracles, an ah think that King Eurystheus is a right eejit. Ah feel hert-sorry for ye, havin tae dae whit that bawheid tells ye. Here's ma belt. Tak it as a present an promise ye'll come back an visit us lassies again some day."

"This is magic," thought Heracles. "There's aw these bonnie lassies runnin efter us. Ah've gote the belt athoot a stramash. An noo the Queen fancies me. This isna a trauchle at aw."

But his step-maw, the goddess Hera, wis luggin in fae the Heivens. Hera wis ridd-faced an bealin that Heracles wis haein such an easy time ae it. The goddess appeared an whispered intae aw the women's lugs. "See that Heracles. He's come here tae malkie Queen Hippolyta. He's gonnae dae her in. Protect her or ye'll loss yir Queen."

Wan minute, the Amazons were lyin aboot on the palace cushions drappin grapes intae the sailors' mooths. The next they were batterin Heracles an his men wi swords an chibs. The sailors tried tae fecht them aff but there wis too many ae them. The men ran tae their ship wi hunners ae Amazon warriors chasin efter them. Maist ae the crew won tae the boat but a guid hauf dozen were caught an killed by the women. As Heracles sailed awa wi Hippolyta's belt in his haun, he could see the boadies ae his sodgers gettin flung up intae the err by the angry bealin Amazon warriors.

Heracles threw the bonnie belt at Eurystheus when he gote hame.

"Here's yir belt. A lot ae braw men are deid because yir speylt wee dochter waantit a present. Ah hope she enjoys it."

Trauchle Ten
THE KYE O GERYON

"You're gettin awfie cheeky, Heracles," said Eurystheus. "Mind, ye still owe me three trauchles. Ah'm no lowsin ye until they're aw done. So for this next yin, git yir slave's bahookie ower tae Geryon. Ah want his kye."

King Geryon wis a warlock that steyed in the hert ae a bilin hote desert. He had a herd ae skinnymalinkie coos that were nae merr than a rattle ae bovine banes. Their mulk wis foostie an their meat wis as tough as auld gutties but Geryon loved them like they were his ain faimly an guairdit them wi his life.

Heracles stertit the lang walk intae the hert ae the desert. He had ten bottles ae watter wi him but afore the end ae the first week there wisna a drap ae it left. Heracles flung awa the last bottle an cairried on. His mooth became dry. His thrapple wis sair when he swallaed. His lips were suin chapped an broken like the flerr ae a dried-up burn. In a crabbit mood, he fired an arra up at Helios, the god ae the sun. Helios wisna chuffed gettin an arra in his hin-end an he made the sun bleeze hotter than afore. Heracles wis roastin. He needit tae drink or he wis gonnae dee. He wid hae done anythin for a bottle ae ginger.

At lang last, crawlin maist ae the wey, he came tae the herd ae kye in the middle ae the desert. King Geryon wis sittin unner a tree sookin fae a big joug ae watter.

"Whit dae you want, drouthie man?" asked Geryon.

"Ah come tae tak awaw yir coos," Heracles replied on his hauns an knees, pechin like a dug.

"Naw, ye're no," roared Geryon. "An tae mak shair ye dinna, ah'm gonnae chap yir heid aff."

King Geryon advanced wi a muckle aix an raised it ower Heracles's heid. Heracles didna hae any strength left in his boady tae try tae stap him.

Jist at that moment Helios had a keek doon fae the sky. He had wantit tae punish Heracles for firin an arra intae his bahookie but he hadna thought he'd be in any danger. Helios wid hae hunners ae explainin tae dae tae Zeus if Heracles deed because ae him. So the sun god took a drap ae rain he'd been savin fae his pocket an sent it doon tae the desert.

The raindrap landit skelp in Heracles's drouthie gub. Instantly his strength came skitin back intae his erms an legs. He caught Geryon's aix jist as it wis aboot tae faw an flung it tae the ither side ae the warld. Wi wan punch, he knocked King Geryon up intae space an cawed the shilpit skinny kye back across the desert tae Eurystheus's palace.

Trauchle Eleeven
THE GOWDEN AIPPLES O THE HESPERIDES

When he gote hame, Eurystheus didna even look at the coos. He jist girned that Heracles had been awaw too lang. Secretly he wis scunnered Heracles had succeeded in aw the trauchles he had set him. He ainly had twaw chaunces left tae dae him in.

"Right, slave. Awaw an get me three gowden aipples fae the Tree o the Hesperides. That'll keep ye gaun for a wee whilie."

Naebody knew wherr the Tree o the Hesperides wis. Folk haivered aboot a tree wi gowden aipples hingin aff it that stood in a gairden fou ae ferlies an draigons but Heracles wisna even shair if it existit or no. If he didna find it, he wid hae tae stey as Eurystheus's tube for ever.

The goddess Athena had been luggin in tae Heracles's thoughts. She appeared aside him an said in her saft as silk voice:

"The Tree ye seek, Heracles, is in a sacred glen in the moontains at the hin-end ae the Earth. There ye'll find the puir sowl Atlas that hauds up the sky. He'll tell ye how tae get the aipples but watch oot for Atlas. He's seik ae cairryin the Heivens an he'll dae anythin tae get oot ae it."

Heracles trevelled for three year afore his ship duntit against the hin-end ae the Earth. There he saw Atlas on the tap ae a moontain. The muckle big man had a girnie face on him as he streetched an strained tae haud up the sky on his shooders.

No faur awaw wis the Tree o the Hesperides. Its brainches were comin doon wi gowden aipples an the bleeze aff them wis that bright Heracles had tae cover his een.

An ablow the Tree lay a draigon wi seeven gallus ferocious heids, aw ae them asleep the noo in the hote efternuin sun.

"Atlas, how ye daein? Name's Heracles. Ah'd shake yir haun but the sky wid probably faw on oor heids so ah'll no bother. Any idea how ah can get ma mits on thae gowden aipples?"

"Ay," said Atlas. "It'll no be easy but. Awaw kill that draigon first an we'll tak it fae there, eh. But you canna touch thae aipples, tho. Ainly ah can pick them."

Heracles focht the seeven-heidit draigon for three days athoot a sleep or a brek for a piece an cup ae tea. When the draigon wis deid, he looked at the aipples on the Tree. He could easy pit them in his poke right noo an go hame but he wisna shair whit wid happen tae him if he did. Atlas had said ainly he could touch them.

"Right," said Atlas when Heracles returned. "Ah'll get thae aipples for ye. Gonnae haud the sky for us while ah dae it?"

Heracles wisna shair aboot this. Atlas had been cairryin the Heivens for an awfie lang time. Mibbe he'd shoot the craw an leave Heracles here wi the sky on his shooders for ever an ever. But Heracles had tae trust him. If he didna get the aipples, he widna be free ae Eurystheus.

"Ay, gie's the sky here tae me then."

An Heracles took the Heivens aff Atlas while he climbed doon fae the moontain an daunered ower tae the Tree.

Atlas wis awaw for ages. Heracles wis stertin tae get worried. The wecht ae the sky wisna real. He felt he wis haudin up the sterrs an the planets tae, it wis that heavy. A new day began an the sun come oot an burnt the tap ae Heracles's heid. Then the rain came on an aw the watter ran doon the back ae Heracles's jaiket. Eventually Atlas returned wi three shinin gowd aipples.

"Ah'll tell ye whit, Heracles," said Atlas. "Ah'll tak yir ship an cairry these aipples back tae Greece an gie them tae Eurystheus masel. Whit dae ye think?"

Heracles knew he wis tryin tae swick him. He wid never see the chancer again an he'd be left here gittin toastit fae the sun an drookit fae the rain until the end ae time. He had tae think fast.

"Fine," he tellt Atlas. "That's a braw idea. Ah could dae wi a brek fae aw these trauchles. But afore ye go, ah'm pure meltin in this jaiket. Gonnae haud the sky for a minute while ah tak it aff?"

"Nae bother," said Atlas, that excited aboot gettin awaw fae the hin-end ae the warld. He took the sky aff Heracles's shooders an pit it back on his ain.

Heracles grabbed the aipples an hurried doon tae his ship.

"Whit's the story?" roared Atlas when he saw whit wis happenin. "Wherr ye gaun, ya bamstick? Dinna leave me here. Dinna leave me here."

Heracles sailed awaw as fast as he could until Atlas's crabbit roars were jist a rummle ae thunner in the faur faur distance.

Trauchle Twelve
CERBERUS THE FUFTY-HEIDIT DUG

"This will be yir last trauchle, Heracles," said Eurystheus sittin like a wee laddie on the muckle throne in his palace. "Ye have no done bad for a dumplin but ye winna come hame fae this yin. Me an ma maw, Hera, have set ye this last trauchle an it is that difficult an dangerous even you wi aw yir gallus strength willna manage it. So fare ye weel then, Heracles, ya big numpty."

"You dinna scare me," said Heracles. "Tell me whit is an ah'll dae it an get oot yir road for ever."

"Get you tae the Netherwarld an bring me back Cerberus. Bring him tae me alive. That's it," declared Eurystheus. "Noo, on yir way."

"Ach, is that aw?" laughed Heracles but deep doon he wisna laughin.

Cerberus wis the maddest, maist mental creature in the universe. He wis a dug wi fufty heids. Each heid had hunners ae teeth in its mooth that could chaw throu stane an steel. On Cerberus's thrapple an aw doon his canine back wriggled thoosans ae snakes, spittin pysen oot wi jaggie tongues. An for a tail Cerberus had a lang bleck an yella boa-constrictor that grupped an squeezed the pech oot ae any puir sowl it fund. An it fund plenty because Cerberus wis the guaird dug ae the Netherwarld.

When folk deed, they trevelled tae the Land o the Deid first by crossin the River Styx an then passin by Cerberus on the ither shore. The dug let them in athoot hermin a herr on their heids but if anybody tried tae get oot again, Cerberus wid pysen their sowls wi his snakes, crush them wi his tail an then terr them intae tottie wee pieces wi his fufty mooths an hunners ae razor-sherp teeth.

Heracles keeked up at the sky but neither the goddess Athena or Helios wis gonnae help him this time. Awbody wis feart at Cerberus, even the gods. For this twelfth an final trauchle, Heracles wis on his ain.

He set aff for the Netherwarld wi aw the weapons he could pit his hauns on. He brocht his sword, his bow an arras, his chib an the skin ae the Lion o Nemea which he wid werr as a ermoured jaiket against the dug's razor-sherp wallies.

His first heidache wis how tae cross the River Styx. The ainly wey ower it wis wi the crabbit ferrymaister, Charon, an this auld Charon ainly took folk across the watter when they were deid. Altho he wis alive, Heracles had tae try tae somehow mak it ower tae the faur shore.

He walked alang the banks ae the River Styx. It wis a dreich place wi nae trees or flooers. The cloods up above were bleck an sad an aye greetin wi rain. At last Heracles saw a group ae peeliewallie shaddas gaithered thegither on the shore waitin for Charon's boat. These were the newly deid makin their journey tae the Netherwarld.

When Charon arrived, Heracles shauchled ontae the ferry wi the ghaists an bogles. Charon wis aboot tae cast aff when he suddenly stapped.

"Haw, you're no deid," girned Charon. "Get aff ma boat or ah'll report ye."

"Tak me ower the river, Ferrymaister. Ah'm jist gaun across for somethin an ah'll come back in the now."

Charon couldna believe the cheek ae the man. "Ye canna go ower tae the Netherwarld for a day oot. Ye hae tae be deid. An you arena deid. Come back when ye are an dinna waste ma time. Gaun. Get. Or ah'm tellin ye, ah'll report ye."

That wis when Heracles finally tint the tawtie awthegither. He'd been daein these stupit trauchles for years. He'd been clawed by lions, skelped by snakes, tellt aff by gods, blootered by boars, cleaned oot clarty stables, been keeched on by craws, beltit by buhls, chawed by cuddies, chased by ten-fit tall women an had the sky on his shooders. Here he wis nearly feenished efter years ae fechtin an follaein orders an this haiverin auld bauchle ae a ferry man widna let him on his boat.

"*Tak me ower tae the Netherwarld,*" roared Heracles so loudly that Charon's bunnet blew aff his napper an the ghaists an bogles on the boat aside him turned even merr peeliewallie than afore. "Tak me across noo or ah'm gonnae stick that oar right up yir…"

"Ay, fine. Keep yir wig on," said Charon in a wee voice an rowed his passengers across the River Styx.

Cerberus wis waitin on the ither side. He wis the size ae a moontain an his braith reeked ae misery an daith. His fufty heids streetched an strained tae get at the new arrivals but the boady, sizzlin wi sleekit snakes, held them back. The puir ghaists had tae shoogle past Cerberus jist inches awaw fae the deidly sleverin mooths so they wid know whit wid happen tae their sowls if they ever tried tae get oot.

Heracles took a deep braith an follaed them intae the Netherwarld. He knew the huge dug widna herm him on the wey in. Wance throu, the ghaists aw disappeared leavin Heracles on his ain. Pittin on his lion's jaiket an reddin up his sword an arras, he turned roon an mairched back oot ae the Land o the Deid.

The muckle beast rose up afore him an stamped a fit the size ae a cheriot doon at wherr Heracles stood. He jinked oot the road as the fit crashed intae the grund aside him. Snakes growin atween the creature's taes reached oot an grabbed his wuiden

81

chib fae him. Heracles dodged an shimmied throu the animal's legs ainly tae be caught an wheeched high up above the grund by the boa-constrictor tail. The snake wrapped itsel roon him so tight Heracles couldna breathe. He could feel hissel aboot tae pass oot. Cerberus wis flickin his tail at the same time tae try tae crack Heracles's heid on the rocks. Heracles didna want tae dee like this. He didna want tae let Eurystheus win.

Wi aw his strength, he freed his sword erm an hacked awaw at the serpentine tail. Yella bluid came slaisterin oot an the creature lowsed its grup. Heracles fell tae the grund an ran tae the front ae the dug tae fecht the fufty heids. Pysen poored doon like rain. The teeth snashed at him like cutlasses but the Lion o Nemea's skin bielded him fae herm. He chapped aff the lower heids an cut his wey throu the snakes on the creature's boady. He focht like a deil. Wi each skelp an stroke, Cerberus grew weaker an merr puggled. When he had chapped his road throu tae the beast's throat, Heracles lowped up, pit his hauns roon the neck an thrappled Cerberus intae submission. He then tied a leash roon him an dragged the guaird dug ae the Netherwarld back tae Eurystheus's palace.

Eurystheus wisna there when he returned. Insteid Zeus wis sittin on Eurystheus's throne.

"The King's no here," said Zeus. "He wis feart ye might bring Cerberus wi ye so he took his servants an his ginger bottle an he's gone tae live in a cave like the big keekie-mammy that he is. Kneel doon, son."

The warrior kneeled afore his faither.

"You'll never mak right the herm ye did tae yir wife an weans but ye hae learned tae pit the hems on that temper ae yours. Ye hae yaised yir strength an wisdom tae save a lot ae people fae the monsters that bide in the warld. Heracles, ye hae completed yir trauchles. Ye can go back tae yir life. You, ma son, are lowsed."

"Ya beauty," said Heracles, duntin the err wi his fist an he shote the craw oot the palace an stottered awaw intae the bleeze ae a new day.

THE HOOSE O PYTHAGORAS

Dae ye mind the Hoose o Haivers? At the stert o this book? A bit weird, wis it no? Weel, I want tae tell ye aboot anither hoose awthegither. A normal, doon-tae-earth hoose that onybody micht stey in. But this wisna the hame o jist *onybody*. It wis in the toun o Crotona richt doon at the fit o Italy, an the man that steyed in it wis cried Pythagoras.

Ye'll mibbe hae heard o Pythagoras, an awfie clever gadgie, that wis famed for his skeel at mathematics an geometry, astronomy an philosophy, an for teachin thae subjects tae mony students. He believed that whan oor bodies dee oor sowls dinna, but flee aff intae anither body an cairry on livin there. He thocht yer sowl micht jist as easy end up in a beast or a bird as in anither human. For this reason, Pythagoras wis a vegetarian: ye shouldna eat a coo, he wid say, in case ye're actually eatin yer auntie.

Whan ye're as weel-kent as Pythagoras, aw kinds o tales stert up aboot ye – nae doot they find their wey tae the Hoose o Haivers an syne spreid oot frae there. It wis tellt o Pythagoras, for example, that yin o his legs wis made o gowd, an that he shawed it aff at the Olympic Games; that he had the pooer tae tame fierce wild craiturs, like bears an eagles, jist by clappin them gently wi his haun; an that whan the muin wis fou, he wid tak a mirror an scrieve words on it in bluid, an the words wid appear reflectit on the pale yella disc o the muin as if on a piece o pairchment. Ye dinna hae tae believe aw these tales, but certainly Pythagoras wis a wice man, wi some important things tae say. That's hoo the last words in this book belang tae him:

"Freens, we read tales o gods an men, an hoo they chynge their shape, an it aw seems like a lot o haivers. We hear o kings that can turn things tae gowd wi their touch, an lads that turn intae flooers, an lassies that turn intae speeders. We hear o heroes like Heracles, an aw the monsters he had tae fecht that had dizzens o heids an were made up o bits o dugs, lions an snakes – craws wi bress feathers an the like. An it aw seems ower faur-fetched. But think aboot it a minute. Mibbe it's no sae daft.

"Awthing in the warld is aye chyngin: naething steys the same. Time itsel niver staps, an awthing chynges wi time. The sea is niver still, an the water in burns niver ceases tae flow – unless it's chynged intae ice, or unless it's sooked up intae the air tae become rain. Nicht chynges intae day, an day intae nicht again: the cloods in the sky are aye shiftin, the colour o the sky itsel can be different shades o blue or grey.

"An think o the seasons: the air is cauld in winter, warm in spring an hot in simmer, syne cools doon again in the autumn. The trees hing thick wi leafs for yin pairt o the year, syne shed them for the rest o it. Flooers bloom an dee, tatties an carrots growe oot o seeds ablow the grund – even the land itsel chynges accordin tae the seasons.

"Humans an animals dinna stey the same either. We stert aff in oor mithers' wames, we're born as helpless wee bairns, but in time we turn intae young lads an lassies burstin wi energy. Later we get aulder an hae bairns o oor ain, syne we become ancient, oor hair turns white an oor legs an airms dinna work as weel as they did whan we were young. We're still the same person, but there's nae doot that we chynge ower the years.

"It's the same wi animals. Think o the puddock. The puddock disna stert aff as a puddock. Yince it wis a wee blob in the middle o some jeely in a dub. Syne it turned intae a pollywag, a powheid, a taddie (even *words* for things dinna stey the same, dependin on wha's speakin them) – a wee beastie wi a tail an nae legs. But by the time it's a puddock, it's tint its tail an has legs it can lowp yairds on.

"Did ye no ever look at a bonnie wee white lamb an wunner hoo it cud ever turn intae a glaikit, clarty auld yowe? Weel, it will, an there's naething either it or you can dae aboot it.

"Birds that flee like gracefu kings an queens ower the bens stert aff in eggs, an spend weeks in the nest as girny wee featherless scraps that cudna flee tae save their lives. Dugs, deuks, aik trees, ingans, shaes made oot o leather, claes made oot o cotton – there isna a thing, naitural or human-made, that disna chynge frae ae form tae anither at some stage. Volcanoes erupt an transform the land for miles aroon. Moontains made o solid rock are worn doon by the rain an snaw an ice; an even the water that maks rain an snaw chynges back an forth. Water is taen up intae the sky an comes back doon in a different form. Earth turns intae glaur whan it's weet, dries oot whan it's bakin hot. Fire bleezes up oot o naething, turns trees intae ash, syne burns itsel tae naething again.

"Ye can even say the same o the societies folk form. Muckle cities disappear aff the face o the Earth: nations rise an faw. Whaur noo is Troy, that faur-kent toun? It's a rickle o stanes. Whit aboot michty Sparta? There's no muckle left o Sparta but stoor.

"But it's no aw doom an gloom. Look up at the sky at nicht. It's fou o skinklin stars. Find oot their names. Some o the stars an constellations are named efter heroes an heroines like the yins in these auld stories. In the stories sometimes the gods turned these folk *intae* stars. Mibbe in the future philosophers wi mair knowledge than me will say that that's no sae daft: that bits o oor bodies stertit aff inside stars, an that's whaur we come frae. I dinna ken. But bein a star, or haein bits o a star in ye, seems like a miraculous thing tae me.

"Chynge *is* miraculous. New things growe oot o the auld. Beauty comes frae destruction. Laughter follaes tears. Life succeeds daith. If there wis nae chynge, the warld widna be the warld as we ken it: it wid be a deid place.

"Sae whan ye think o aw thae stories frae the Hoose o Haivers, an ye're minded tae shak yer heid an say, 'Impossible!', haud on a minute an ask yersel: 'Whit's mair believable – that a taddie becomes a puddock, or that Narcissus became a flooer?'

"Haivers? I dinna ken. *Dae you?*"

CHARACTERS AN PLACES MENTIONED IN *THE HOOSE O HAIVERS*

Here is a guide tae some o the characters an places mentioned in this book. Maist o these stories are based on the versions written doon by the Roman poet Ovid (born 43 B.C., deed A.D. 17) in his book *Metamorphoses*, but some o them come frae ither sources. Yin o the difficulties wi these ancient myths is that the Greeks an Romans cried the same gods by different names. For instance, Zeus, the Greeks' supreme god, wis cried Jupiter by the Romans. Helios, the Greek sun god, wis cried Phoebus by the Romans, an the sun wis also associated wi Apollo. Sae in these stories ye'll whiles find yin name, whiles anither. Dinna fash aboot this: if ye're confused aboot wha's wha, check in this leet tae mak shair.

Abderus	a freen o **Heracles** (Trauchle 8)
Adonis	a bonnie young hero that **Aphrodite**, amang ithers, fell in luve wi
Aeolus	the god o the wunds
Alcyone	a queen o Trachis, wife o King **Ceyx**
Amazons	a race o warrior women
Aphrodite	the Greek goddess o luve (Roman equivalent: Venus)
Apollo	son o **Zeus**, brither o **Artemis**, god o music, poetry an airchery
Arachne	competed wi **Athena** tae see wha wis best at weavin
Arcadia	a region o Greece
Ariadne	dochter o King **Minos**, helped **Theseus** escape frae the Labyrinth

Artemis	sister o **Apollo**, Greek goddess o huntin (Roman equivalent: Diana)
Atalanta	a huntress, famed for her skeel an her speed at rinnin
Athena	the goddess o war, arts, crafts, weavin an spinnin
Atlas	a giant sentenced by **Zeus** tae haud up the sky on his shooders
Augeas	a king o Elis, a region o Greece
Cerberus	the dug o **Hades,** that stopped the deid frae leavin
Ceres	the Roman goddess o corn an fermin (Greek equivalent: Demeter)
Ceyx	a king o Trachis, mairrit on **Alcyone**
Charon	the ferryman that took the deid ower the river Styx tae **Hades**
Cimmerians	a mythical race that bade in the north in a land o perpetual mirk
Croesus	a king o Lydia, a region o Asia which is noo northwest Turkey
Daedalus	Athenian biggar o the Labyrinth, faither o **Icarus**
Diomedes	a king o Thrace, killt by **Heracles** (Trauchle 8)
Dionysus	the god o wine an pleisure (also kent as Bacchus)
Doris	the wife o **Nereus**, mither o the **Nereids**
Echo	a nymph that fell in luve wi **Narcissus**
Eros	the son o **Aphrodite,** he shot arras at fowk an gart them faw in luve
Erysichthon	he cut doon **Ceres**'s aik tree an wis punished wi perpetual hunger
Eurydice	the wife o **Orpheus**
Eurystheus	the king o Mycenae, he set **Heracles** his twelve trauchles
Geryon	he had a herd o kye that **Heracles** staw frae him (Trauchle 10)
Hades	the god o the deid, an also his kingdom, the land o the deid
Helicon	a moontain, pairt o **Parnassus**, whaur the **Muses** bade
Helios	the Greek god o the sun, kent by the Romans as **Phoebus**
Hephaestus	the Greek god o fire an metalwork (Roman equivalent: Vulcan)
Hera	the greatest o Greek goddesses, mairrit on **Zeus**, (Roman equivalent: **Juno**)
Heracles	a heroic son o **Zeus**, mairrit on **Megara** (Roman equivalent: Hercules)

Hermes	the god o commerce an flicht, an the messenger o the ither gods
Hesperides	the nymphs o the settin sun, **Heracles** took the gowden aipples frae a tree in their gairden (Trauchle 11)
Hippolyta	queen o the **Amazons**. **Heracles** took her belt (Trauchle 9)
Hippomenes	he fell in luve wi **Atalanta** an raced her sae he cud mairry her
Hydra	a nine-heidit snake, **Heracles** had tae kill it (Trauchle 2)
Hypnus	the personification o sleep
Icarus	the son o **Daedalus**, he flew ower near the sun
Iolaus	a freen o **Heracles**, he helped him tae kill the **Hydra** (Trauchle 2)
Iris	the goddess o the rainbow, an **Juno**'s message lassie
Juno	the Roman equivalent o **Hera**
Jupiter	the Roman equivalent o **Zeus**
Lethe	yin o the waters o **Hades**, the deid drank frae it an it gart them forget life
Liriope	a nymph, the mither o **Narcissus**
Megara	the wife o **Heracles**
Mehdas	Dundonian equivalent o **Midas**
Midas	a king o **Phrygia**, he wantit awthing he touched tae turn tae gowd
Minos	a king o Crete, faither o **Ariadne**, he had **Daedalus** bigg the Labyrinth
Minotaur	a monster, hauf-bull, hauf-man, keepit by **Minos** in his Labyrinth
Morpheus	yin o the sons o **Hypnus**, he cud kythe in folk's dreams in different shapes
Muses	nine dochters o **Zeus** that bade on **Helicon** an were goddesses o the arts an sciences
Narcissus	the son o **Liriope**, he wis luved by **Echo** but also fell in luve wi himsel
Nemea	a glen in Greece, whaur **Heracles** killt the Nemean Lion (Trauchle 1)
Nemesis	a goddess whase job it wis tae punish ill deeds
Neptune	the Roman god o the sea (Greek equivalent: Poseidon)
Nereus	the auld man o the sea, mairrit on **Doris**, faither o the **Nereids**
Nereids	the fufty dochters o **Nereus** an **Doris**
Nike	the goddess o victory, she cud flee at great speed

Nymphs	lesser goddesses o the burns, rivers an forests
Odysseus	a Greek hero that made an epic journey hame tae his wife **Penelope** efter the Trojan War
Olympus	a muckle moontain in Greece, hame o the gods
Orpheus	a singer an musician, he mairrit **Eurydice** an whan she deed gaed tae **Hades** tae fetch her back
Pan	the god o shepherds an their flocks
Parnassus	a moontain associated wi **Apollo**, hence the ben o poets an poetry
Penelope	the wife o **Odysseus**
Persephone	the goddess o the Netherwarld an wife o **Hades**
Persia	an auld name for whit is noo Iran
Phaedra	dochter o **Minos**, sister o **Ariadne**
Phaethon	a son o **Phoebus**, he wantit tae ride in his faither's sun cheriot
Philomela	her brither-in-law raped her an cut her tongue oot tae prevent her tellin, but she wove a tapestry tae shaw awbody whit had happened
Phoebus	the sun god, the Roman equivalent o **Helios**
Phoenicia	an auld sea-tradin country on the coast o whit is noo Lebanon an Syria
Phrygia	an auld name for whit is noo central Turkey
Pythagoras	a Greek philosopher an mathematician, weel-kent for his wisdom
Silenus	a freen o the god **Dionysus**, he wis treatit kindly by **Midas**
Stymphalus	a Greek loch whase fierce craws **Heracles** had tae kill (Trauchle 6)
Styx	yin o the waters o **Hades**, **Charon** ferried the deid ower it
Theseus	an Athenian hero, he killt the **Minotaur** an is said tae hae inventit the sport o wrestlin
Tiresias	a blin man that cud see intae the future, he foretellt that **Narcissus** wid come tae a sair end
Zeus	the supreme Greek god, he wis the god o licht an thunner. (Roman equivalent: **Jupiter**)